Heibonsha Sensho

# 近世金沢の銀座商人

平凡社

# 近世金沢の銀座商人

魚問屋、のこぎり商い、薬種業、
そして銀座役

中野節子

平凡社選書
234

# 目次

# はじめに

本書は、近世前期の金沢城下の商人・福久屋《ふくひさや》（石黒氏）について語る。

近世前期の庶民の史料は少ない。そして農民の史料よりも商人のそれはさらに少ない。地方の商人の近世初期の史料として公表されているのは、『榎本弥左衛門覚書――近世初期商人の記録』（平凡社東洋文庫、二〇〇一年）くらいである。これは自分の生涯についての年をおった記述と、二十一年にわたる覚書《おぼえがき》の集積で、近世初期の庶民の姿を示す貴重な史料である。近世前期の商人史料は、全国のあちこちに存在してはいるが、それらは多く断片的で、まとまって長期にわたる商人の姿を見ることのできる史料はあまりない。

ここに、福久屋の史料の貴重さがある。これには、覚書の集成である留帳（以下「留帳」と呼ぶ）と、宝永六年（一七〇九）三月から享保二年（一七一七）十一月までの銀座の日記（「銀座覚書」と呼ぶ）が含まれている。この史料によって、いわゆる三都以外の一地方都市の――といっても当時は全国で四番目か五番目の規模の都市ではあるが――商人、その商売のいろいろ、成長の仕方、また奉公人、交友関係、銀座役の諸相、藩権力との関係など、その実像の一端をとらえてみたい。

本書の前半で主に利用した「留帳」は、寛永二年（一六二五）から元文元年（一七三六）までのさまざまなメモ、覚書で、酒の作り方から京都の寺院数や幕閣の動きまで、内容は多岐にわたる。なかで多数を占めているのは、福久屋と交際の深かった加賀藩の年寄《としより》（家臣の最高位に当たる役職、他藩では家老に当たる）奥村家との贈答・挨拶状（の写し）である。これもまた、たいへん興味深いものではあるが、本書では、時期は貞享期までに絞り、近世初期の商人の姿を描き出すいくつかのテーマを立てて史料を紹介する。もちろん、由緒書《ゆいしょがき》や一紙文書《いっしもんじょ》（一枚の紙に書かれた文書）も利用した。

後半の利用史料の中心は銀座関係の日記で、幕府管轄下のものではなく加賀藩にもあった銀座というものの役割、また銀座の頭である銀座役《ぎんざやく》（町役人の一つ）の立場のありよう、貨幣改鋳の地方への影響、藩と商人とで仕組んだ為替《かわせ》のあり方など、興味深い実態が浮かび上がる。とりわけこの史料は日記なので、当時の武士と町役人の関わりが、手に取るように具体的に書かれている。一部しか紹介できないのが残念なほど、時代小説顔負けの面白さである。

史料の全体は、石黒家文書と呼ばれる。石黒家の屋号が福久屋である。石黒家文書は、現在は金沢市尾張町に所在する石黒家に伝えられた、近世初期から明治期に及ぶ二千点ほどの大きな文書群である。金沢市史編纂事業が一九九二年から始まったが、そのなかで、市内に残る文書の悉皆《しっかい》調査が行われた。石黒家文書は、これによって発見された史資料のなかでもその意義において屈指のものである。先ほど少し触れたが、商人文書は、農村と異なり、その営業が永続して現在に至るというケースが少ないため、農村文書よりも残りが悪い。そうしたなかで、石黒家文書は、長期にわたって集積され、伝えられた、きわめてまれな貴重な史料である。市史編纂事業において、この石黒家文書はほぼすべてが撮影され、写真の紙焼き本（写真本）がマイクロフィルムとともに金沢市立玉川図書館近世史料館に保管されている。ここではその写真本に拠って叙述を進めている。

◉現在の石黒家

写真本は冊ごとに近世一～六〇、近代一～六とナンバリングされている。本書で用いたのはすべて近世文書で、本文中に掲げた典拠史料の末尾の数字は近世のどの冊子に収録されているかを示している。しかい、本書で主に利用する「留帳」や銀座の日記「銀座覚書」はほぼ年代順に記載されているので、検索が容易なため、いちいち冊子番号を示していない。ただ、「留帳」・「銀座覚書」以外の文書を用いたときは、例えば「（四〇）」と記し、これは写真本の近世四〇に収録されているということを示している。また石黒家文書以外の史料を用いたときには、その旨を記した。

本書で注目するのは、石黒家文書群のうち、とりわけ、近世初期から中期にかけての、家関係の留帳三冊と、銀座関係の覚書三冊との合計六冊である。

家関係の留帳

「寛永二年乙丑ヨリ元禄十四年辛巳六月マテ　留帳」（四二）

「（延宝二年より享保九年まで）　万留書」（四三・四四）

「（元禄十五年より元文元年まで）　万留帳」（四五）

銀座関係の覚書

「宝永六己丑年ヨリ至正徳三癸巳年　銀座覚書」（四八・四九）

「（正徳四年正月より）　銀座覚書」（五〇）

「（正徳五年より享保二年十一月まで）　銀座覚書」（五〇）

本書では先の家関係の留帳を「留帳」、銀座関係の覚書を「銀座覚書」と称することとする。これらの史料を補う意味で、石黒家の由緒書その他、この時期の一紙文書を利用している。

これから述べていくように、福久屋は江戸時代、城下町金沢では三本の指に入る薬種問屋であったが、薬種業を始めたのは寛文九年（一六六九）である。石黒家文書のなかで最も古いものは「留帳」にある寛永二年（一六二五）のもので、そのとき福久屋は魚問屋をしていた。その後、他国商いに転じ、寛文九年に薬種業を始めたのである。この間、町人の役人としては最も位の高い町年寄《まちどしより》に就いたこともあり、宝永六年（一七〇九）から享保四年（一七一九）までは町年寄に次ぐ銀座役に就いている。その間の銀座の覚書が三冊残っていて、当時の金沢の銀座の様子を詳しく知ることができるわけである。

江戸時代の金沢は、三都に次ぐとはいえ、やはり一地方都市である。その金沢の商人について語ろうというのは、全国的に見て古い貴重な商人文書によってその姿を浮かび上がらせることができるということ、また、三都である江戸・京都・大坂とは異なる一地方の事情を知ることが、全国各地の地方都市の状況を推し量るよすがとなるだろうからである。例えば、宝永から正徳にかけて幕府の金銀改鋳が行われ、その法令などは明らかにされているが、それに伴って地方藩で何が起こったか――石黒家文書では、金沢で起こった事柄が詳細に分かる。この史料は、伝わることが概して断片的な近世初期商人の、しかも三都以外の藩領都市の近世前期商人の姿を浮かび上がらせてくれるのである。

なお、本書は研究書というより、史料によって一つの商家の姿を描き出すことに重きを置いた。そのため読みやすさを考慮して註を付けなかった。そこで断っておかねばならないのは石黒家文書を用いた先行研究などについてである。本書で大いに参考にしたギヨーム＝カレ氏らの論文やその他の参考文献は、「おわりに」で紹介している。

# 第一章　金沢の商人・福久屋

## 1――福久屋石黒家の人々

さて、これから述べるのは、主に福久屋石黒家の三代から六代の物語である。まずは、石黒家に残された次の三点の由緒書によって、石黒家の歴史のあらましを述べておこう。

「由緒　福久屋依興誌」（六代福久屋新右衛門〈依興は号〉による正徳二年までのもの。六〇）
「由緒一類附帳　寛政十弐年九月　尾張町福久屋伝六」（一）
「石黒氏福久屋永世家譜」（嘉永五年。六〇）

このうち、最初と最後は私的なものだが、二番目のものは藩の求めに応えて書かれたものの案文である。

まず石黒家の元祖とされているのは、由緒書により多少異なるが、ここでは一番目の福久屋依興の由緒に従い、石黒新左衛門光秋と言われる人物、としておこう。新左衛門光秋は戦国時代の越中の木舟城《きふねじょう》（現在の高岡市福岡町）城主石黒成綱《なりつな》の一族であった。戦国の離合集散を繰り返すなか、天正五年（一五七七）、成綱は織田信長勢に討ち取られ、一族は散り散りとなる。新左衛門は浪人となり、息子の七左衛門らとともに金沢に居住するようになる。一向一揆勢を破って、天正八年に佐久間盛政が、次いで天正十一年に前田利家が金沢に入城するが、石黒家はそれ以前から、つまり一揆勢が乱立する金沢に居住していたことになる。

息子の七左衛門の時代になると、前田家の家臣篠原出羽守一孝に仕え、武士として生きた。文禄頃のことで、篠原は一万石ほどの知行を持った大身《たいしん》である。

七左衛門の嫡子、三代の与右衛門は天正四年の生まれと言うから、赤子のときに祖父・父とともに金沢に移住してきたことになる。この与右衛門が、なんらかの理由で幼いときから伯母夫婦のもとで育てられ、成長して町人となり、福久屋を屋号としたのである。彼は魚問屋を始め、上今町《かみいままち》辺（旧寺町）に、次いで今町に居住した。推測するに、この時期に加賀藩の重臣である奥村家に出入りを始めたようだ。この時期の奥村家は始祖の奥村永福が隠居していた時代で、与右衛門と永福が出会った可能性がある。奥村家は永福の後に、永福の長男が継ぐ本家と、次男から始まる分家に分かれ、福久屋はこの分家と親交を深めていく。三代与右衛門は元和九年（一六二三）に四十八歳で病死した。

この三代より前の代の当主の妻たちについては事情が分からないが、三代の妻みきについては、当初は妾であったが、男子四人女子三人と子供が多く生まれたので妻とした、とされている。寛永十六年（一六三九）に病死している。

子供七人のうち、長男は四代となる次郎右衛門である。次男は早世。長女のあいには石浦屋九郎右衛門を婿養子にもらい受け、福久屋九郎右衛門として別家を立てた。次女・三女はそれぞれ嫁いでいる。あいと九郎右衛門の間には子供が八人で、長男新右衛門は後に本家の次郎右衛門の養子となる。次男七右衛門は父の九郎右衛門を相続、三男は次男の養子となり、四男から六男は早世する。

三代与右衛門の嫡子で慶長七年（一六〇二）生まれの次郎右衛門が福久屋の四代となる。父親からの魚問屋を引き継いだが、寛永二十一年には魚屋への売り掛け銀が莫大となり、

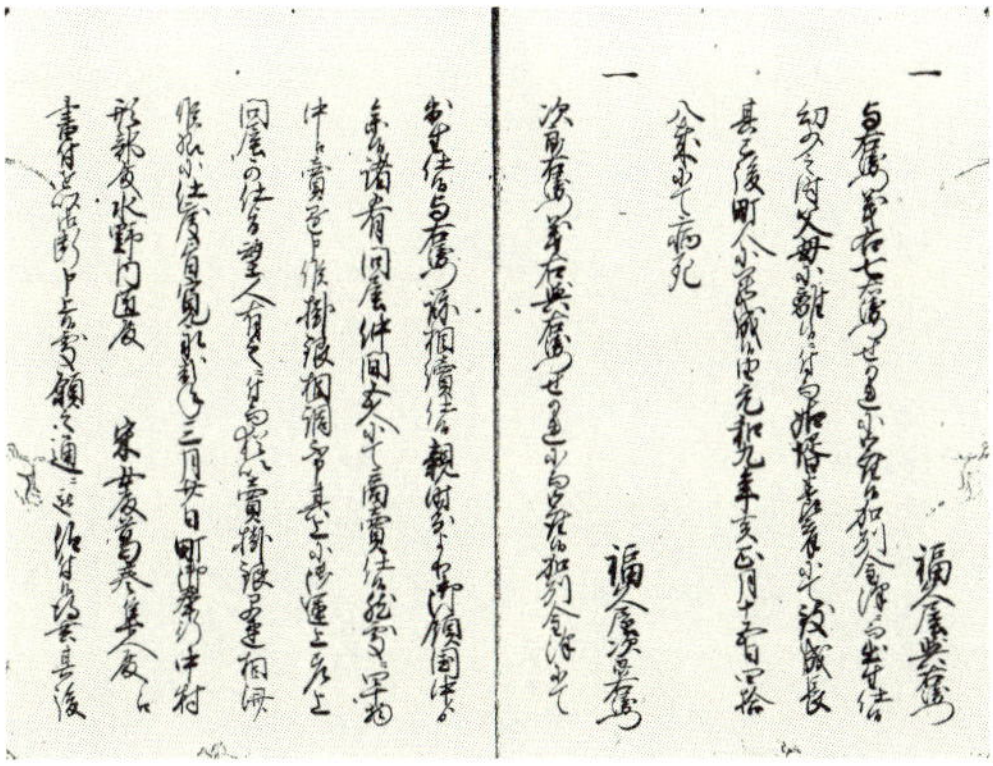

◉福久屋石黒家６代新右衛門（衣興）による「由緒」表紙（上）と４代次郎右衛門に関わる記述

藩に直訴、藩主の利常《としつね》の耳にまで届き、町奉行により魚屋に対し売り掛け銀督促が行われた。売り掛け銀が支払われたかどうかは分からないが、この時期に、次郎右衛門は魚問屋をやめて他国商いを始めた。北陸の近国はもちろん、京都・大坂のほか、北は奥羽《おうう》、西は伯耆《ほうき》までという広域で種々の商品を売買した。のちに触れるが、いわゆるのこぎり商いである。例えば金沢の布や染帷子《そめかたびら》を羽州秋田で売り、越後新潟や酒田に下って米・大豆を買って越前敦賀で売るなどしている。

慶安四年（一六五一）、金沢では、藩が旧家の二十人を選び、それらの人々が当番制で町年寄を勤めることになったが、今町の福久屋次郎右衛門もその一人に選ばれている。承応三年（一六五四）に隠居して行祐《ぎょうゆう》と称し、天和三年（一六八三）に八十歳で病死している。寛文五年（一六六五）に次の五代新右衛門（あいと九郎右衛門の長子）が尾張町に家を買っており、翌六年に町共同体に対し、六十六歳の父親の行祐がどのような問題を起こそうが、自分（新右衛門）が責任を持ち共同体には迷惑をかけない旨の証文を出している。寛文十一年の文書では父親のことを「矇者《もうじゃ》」と言っており、今で言う認知症を患っていたと思われる。次郎右衛門には男子が一人いたが早世している。

四代の妻たけは、医者の不破養軒の娘で、承応三年に病死している。不破養軒は藩主利常の医者として召し出された人物で、福久屋が後に薬種業に転じ、藩の秘薬を製造する許可を得ていること（後述）と関係があろう。

次郎右衛門とたけの間には早世した子供以外男子はおらず、女子が二人いた。その長女のきくに、三代与右衛門の娘婿で別家をなした福久屋九郎右衛門の長男（新右衛門）を婿養子として迎えている。いわゆるいとこ添いである。次女に関しての伝承はない。

五代は、述べたように、次郎右衛門の甥で元和八年（一六二二）の生まれ、成長して四代の娘きくに婿養子に入った新右衛門である。四代が隠居した承応三年、三十二歳で家督を相続している。新右衛門は家督相続以前から他国商いを手広く行っていた。寛文五年に尾張町で表通りに面した間《ま》口《ぐち》九間《けん》四尺余りの家を買い求めて今町から移り住み、同九年九月に泉屋長助から薬種商売株を買って、薬種業を営むようになった。その際、藩主前田家の秘薬とされていた烏犀円《うさいえん》・紫雪《しせつ》・万病円《まんびょうえん》の三つについて、庶民救済のためにと製法の伝授と売買の許可を願い出た。親しい関係をもっていた奥村家分家の壱岐《いき》庸礼《やすひろ》を介して藩主に願い上げ、許可された。そして寛文十年、藩医の堀部養叔《ようしゅく》・養佐《ようさ》の兄弟が福久屋宅で製法どおり調合し、伝授が行われた。もっとも当初は調合のたびごとに両医が福久屋宅に来て見届けたようであったが、福久屋のほかに中屋・宮竹屋にも秘薬が免許され、三軒仲間が相寄って調合することもあったようだ。翌々年、福久屋はさらに特別の計らいで藩の秘薬であった山田《やまだ》黒薬《こくやく》の伝授を許可され、これらを通じて金沢の薬種業として特別な地位を築いたのである。山田黒薬は女性の出産時の特効薬であり、藩の大身家の出産に当たって福久屋から献上、藩の大身たちとの親しい関係を作るもととなった。

五代新右衛門は寛文十一年に町年寄五人のうちの一人となり、正月の藩主お目見えや参勤交代の際の送迎などを許可され、延宝六年（一六七八）に町年寄四名となったときにも加わって、三人扶《ぶ》持《ち》や菰懸《こもかけ》乗物の特権などを持つ有力町人となったのである。

五代新右衛門は貞享四年（一六八七）、これまで十六ヶ年勤めた町年寄役を、老年に至ったとして辞退、元禄二年（一六八九）六十九歳のとき、剃髪願いを聞き届けられて景寿と称した。その九年後に七十八歳で病死した。この新右衛門は一生のうちに諸寺諸山へ多くの寄付を行った。例えば、万治二年（一六五九）には卯辰山幽谷院《うたつやまゆうこくいん》へ釈迦像を、寛文十二年には久保市金剛寺へ毘沙門天像を寄付するなど、信仰心の篤さを示している。また高野山との関係を深め、両親や早世した娘の月命日の供養などを依頼している。

五代新右衛門の妻はきく、子は五男二女の七人で、最初の一男一女は早世している。三番目の次男次郎右衛門（後、新右衛門に改名）は福久屋六代となる。五番目の与右衛門は川南町《かわみなみ》鶴来屋三郎右衛門の娘さんを娶《めと》り、分家した。与右衛門とさんの間に子供は四人おり、嫡子の丹三郎《たんざぶろう》は後に十右衛門と改名し六代新右衛門の婿養子となる。

六代新右衛門は、五代新右衛門の嫡子で万治元年に生まれた。初め四代と同じく次郎右衛門を名乗ったが、貞享四年、五代の隠居に伴って家督相続し、後に新右衛門を名乗る。その後、金沢や江戸における藩主家の出産、また重臣家の出産において、たびたび山田黒薬を献上し、諸品を拝領している。元禄四年（一六九一）には藩により、福久屋のみが山田黒薬の看板を掛けることを許可された。

宝永六年（一七〇九）には金屋彦四郎に代わって銀座役を仰せ付けられ、自宅に座を開くことになった。銀座役は町人の公職のなかで町年寄に次ぐ役職で、翌年正月には、町年寄の次席で年頭お目見えを果たし、その後も藩主在国の際には同様の特権を得て、参勤の際の送迎御用を勤めている。

享保二年（一七一七）、願い上げのうえ、薬種店の隣に銭見世《ぜにみせ》（手数料を取って銀を銭に替える商売）を開いた。その後、享保四年の二月に、銀座役務において「不念の趣」があり、役儀取り上げとなって牢舎となる。この一件の委細は由緒には書き伝えられていないが、事件は銀座役本人でなく、銀座が管轄する銀見《ぎんみ》らの起こしたもののようである。享保四年十一月に六十二歳で病死、一説には牢死とある。娘和佐《わさ》に新右衛門の弟与右衛門の倅《せがれ》十右衛門を婿養子にしていたが、この十右衛門は公事場《くじば》での答え方に不備があったとされ、養父新右衛門と同時に咎《とが》を受け、享保五年五月に二十二歳で死去した。

六代新右衛門の妻はゆた。ゆたは藩の重臣長《ちょう》大隅守尚連《なおつら》の家臣神保与兵衛の娘である。子は女子が三人で一人は妾腹である。長女のわつは早世し、高野山平等院に日牌《にっぱい》（毎日位牌の前で供養する）を建てている。次女が和佐で婿を取って後継ぎとしようとした。初めの婿の名は次郎右衛門、次の婿は十右衛門、十右衛門の死後は福久屋七代の伝六である。まず、初めの婿については、正徳三年（一七一三）、今町近江屋七兵衛次男で二十六歳の者を津幡《つばた》の大崎屋七右衛門の子分として婿養子にもらい受け、名を次郎右衛門と改名した。津幡の大崎屋は福久屋二代七左衛門の娘が嫁いだ家で福久屋とは縁があり、また今町の近江屋は大崎屋の縁者で、これによって養子として福久屋にもらい受けた。和佐はこのとき十四歳である。ただ、この婿の次郎右衛門は不縁となって別れたか死去したと考えられる。そして享保三年に十右衛門を婿養子に迎えた。和佐はこのとき十九歳である。この十右衛門は新右衛門の弟与右衛門の子で新右衛門からは甥、娘和佐とはいとこ添いである。この十右衛門は先述したように、罪を得て享保五年に二十二歳で死去した。和佐と十右衛門の間に子供はいなかった。十右衛門の死後、福久屋の年来の手代伝六を和佐と妻合《めあ》わせ、後継とした。

七代目の福久屋伝六は、実は能登鳳至郡《ふげしぐん》輪嶋鳳至町紺屋与三左衛門倅で、金沢に来て福久屋新右衛門方に奉公し伝六と称《とな》えていた。多年「実体《じってい》」に勤務、薬種業では仕事上手で調合などは万事任せられるほどであった。当主の新右衛門、婿養子の十右衛門が相次いで死去し、相続について町奉行に伺ったところ、新右衛門娘の和佐に番頭手代となっていた伝六を妻合わせるのが宜《よろ》しかろうとのことであった。そして伝六に秘薬調合の家伝も伝授され、亭主となって家を相続した。伝六はこのとき四十八歳であった。

伝六と和佐との間には享保七年に男子一人が生まれ、和佐はこの年に二十三歳で病死している。その後、伝六と妾のこまとの間に男子一人女子一人が生まれている。妾のこまは、大衆免町《だいじゅめまち》の今村屋六兵衛の娘、大衆免町は城下の外《はず》れ、下層民の居住地である。和佐の夫である伝六は老年に及んで和佐の子に家督相続させ、宝暦十四年（一七六四）に九十二歳で病死している。福久屋はその後、伝六を亭主名として相続していくのである。

福久屋新右衛門が銀座役で咎を得て死去、婿養子の十右衛門も死去、これらは両人の牢舎と関わりがあるのではないかと推察される。ただし、先述のように福久屋自身の不心得で罪を得たのではなく、管轄する銀見らの咎によるものであったと考えられる。そこで福久屋は取り潰されることなく、町奉行の指示を受け後継者も決まり、商売も継続して、現在もなお続く家柄となったのである。

## 2——城下町金沢

次に、舞台となる近世前期の都市金沢について見ておこう。

今では、東京から日本海側の金沢まで、北陸新幹線で二時間半である。その手軽さもあって、東京ほか各地から観光客が金沢を訪れる。金沢城、兼六園、城下南西に位置する長町《ながまち》の武家屋敷跡、今も市民の台所と言われる近江町市場、城下北の外縁に位置する東の廓《くるわ》。城下を流れる用水は、江戸時代の城下をめぐる防衛線の堀であった。そして城下外縁の寺町と東山に代表される寺院群。これらは日本の多くの城下町の要素を今に伝えている。

日本各地の城下町と要素を共有する、といっても、金沢は、徳川将軍家を除けば規模では大名中最大の、百万石の城下町なのである。その豊富な財力は町の大きさのみでなく、さまざまな文化的要素を城下町に加えている。

城下町の住民というと、町人を思い浮かべがちだが、家臣団も重要な一員である。一般的な城下町では百石、二百石取りの家臣と言えば、中級くらいの家臣として位置づけられる。が、金沢ではこの禄高では下級武士である。筆頭の家臣の本多家は五万石取りであり、一般に万石以上を大名とすると、大名に匹敵する家臣が金沢には八家もあった。三千石以上の「人持《ひともち》」というクラスの家臣も三十家ほどあり、ともかく、城下の経済が潤い、文化が高まる要素は大きかった。

福久屋の初代が息子を連れて、木舟城から金沢に移り住んだのは、天正五年（一五七七）頃である。当時の金沢は、一向一揆の拠点金沢御堂《みどう》が陥落する（天正八年）直前であった。天正三年に前田利家を含む織田信長の一揆掃討軍が、越前の一向一揆を鎮圧し、その勢いは金沢御堂にも聞こえていた。次いで一向一揆の大本山の石山本願寺の籠城が天正五年前後に危機的状況となる。金沢御堂を中心とする一揆勢も内部で混乱を来《きた》していた。その時期に福久屋の先祖である武士の石黒一家が、どのような立場でどのように行動していたかは未詳であるが、石黒家二代が後に前田家家臣に仕えるようになったことを考えると、一揆側の武士として戦っていたとは考えられない。天正八年の金沢御堂陥落後、佐久間盛政が御堂跡を金沢城として、同十一年まで在城したが、この年に前田利家が入部すると、金沢は前田家の城下町として整備が始められた。

町人の住む町としては、既に金沢御堂時代に、御堂の周辺に後町・南町があり、西町・堤町《つつみちょう》・金屋町《かなやちょう》・近江町などが成立していたとも言われる。利家は入城後、城の石垣築造を進めたが、城地の西側の内堀内に南町・堤町などが含まれ、武家地の配置や町地との区分はまだ未成熟であった。そこで、慶長四（一五九九）、五年に惣構堀《そうがまえぼり》を掘り（後に、城の近くを囲む内惣構堀、その外側を囲む外惣構堀と呼ばれる）、城防備の備えとするとともに、町地や武家地の移動も盛んに行った。慶長十年頃の家臣は人持クラスと馬廻《うままわり》で七百名ほど、元和初年頃には家臣団は一千名を超え、急速に増加する家臣団に対応する屋敷割と町整備で城下は大きく変貌した。江戸などの大きな都市と共通して、城を囲んで全方角に広がる町拡大となった。

石黒家（福久屋）は、三代で元和九年に死去した与右衛門の代から既に魚問屋商売を始めていたようだが、四代次郎右衛門の寛永十三年（一六三六）の史料では、その居所を寺町としている。城下町初期の寺町はまずは城に近い北方にあった。後に福久屋の居所は今町と記されるが、今町と同一箇所か近くが寺町であったと考えられる。城の北方の尾坂下・中町が久保市（中世の市場の窪市）分と呼ばれていたり、袋町《ふくろまち》の町人が旧来より市場札を所持していたとの記録もあり、城の北西側一帯が全国的・地域的物資流通の拠点として整えられていたことが分かる。日本海から浅野《あさの》川《がわ》を遡行しその付近に物資が集散したのであろう。袋町に魚市場があったとも伝えられ、福久屋は魚問屋として有利な位置に店を持っていたと考えられるのである。寺町はその後、以前まで古寺町の町名を持った犀川近くに移り、その後に今の犀川を越えた寺町台地に移されるのであり、寺町の移動からだけでも、町が拡大し、整備が進んでいったことが見えてくる。

大規模な城下の整備が行われるのは、後に述べるように、寛永八年と十二年の大火を契機とするが、それを必然とするほど、城下町は整備が追いつかないまま膨張していたのである。膨張の原因は、まずはもちろん、家臣とその家族とその奉公人の増加である。大身の家臣なら自分の家臣（陪臣）とその家族・奉公人も連れており、それらが金沢に集住するのである。加賀・能登・越中三ヶ国の領地は、慶長末年まで隠居して高岡にいた二代藩主利長と、三代藩主利常に分散していた。しかし、利長が死去すると利長の家臣も金沢に入り、三ヶ国の中心としての城下町金沢が確立する。元和初年の侍帳《さむらいちょう》によれば、徒《かち》や足軽・小者などを勘定に入れない平士以上の人数で一千十三名、五万石の本多氏の他、万石以上の家臣が十四名も含まれる。この後、おおよそ五十年後の寛文期には平士以上が一千五百名余りとなって、その後ほぼ同じ数で推移する。つまり家臣団は元和期にかけて急増し、寛文期まで徐々に増加していったことが分かる。

武士が増加すれば、彼らに飲食料・日用品・贅沢品を供給する町人たちが必要になる。それにこの時期、都市建設が急ピッチで進んだから、それを担う日稼ぎ人も集住するのである。

元和二年（一六一六）に城下の検地が行われ、以前からの家臣屋敷地に竿が入れられ、規定による屋敷地割当が進められて、城内の家臣屋敷地は内堀外に移転していった。同じ年、前田初代の利家埋葬地の野田山への参詣道が作られ、その道筋の泉野に、犀川河原内の寺町（後の古寺町）をはじめ、城下の諸寺院を移転させた。今の寺町寺院群の形成である。この年に宮腰《みやのこし》街道（城下と城下の外港宮腰〈現在の金石《かないわ》〉を結ぶ街道）が直線状に整備された。この年の都市発展の様子を『三壺聞書』（中世から戦国・江戸期を描く編纂物。加賀藩を主とし、利常の記述で終わる）が「此年《このとし》、人持衆下屋敷等相渡り、面々に作事をいとなミ、地子町《じしまち》、本町立替《たちかわ》り、賑やかなる事申計《もうすばかり》なし」と伝えている。

さらに、元和六年の城下町をめぐる事情として同じく『三壺聞書』に次のように語られている。当時の藩主利常の妻は、将軍秀忠の娘の珠姫、この年には二十二歳、その若君で後の四代光高《みつたか》は六歳、次男利次は四歳、三男利治は三歳であった。この珠姫・若君様のお慰みとして、数ヶ所の芝居小屋を浅野川・犀川の両所に建て並べ、あやつり（操り人形劇）・歌舞伎などが行われた。これらの芸能民がいくども城に招かれ芸能を披露したところ、拝領物をおびただしく頂戴し、その風聞で京都・大坂の有名な芸能者たちが望んで金沢にやって来る。そのなかでも女歌舞伎の三人衆と、若衆踊りの若い女性三十人の芸は素晴らしく、比較的安価な銀三分の料金なので、家臣、その家族、民衆も交えて、毎日数百人の見物がある。それらは午後の二時に終わり、四時頃には彼女たちは大身家臣の屋敷に呼ばれ芸能を披露する。その他にも浄瑠璃操り・能操り（浄瑠璃操り以前からあった狂言操りと同様の人形芝居）・踊り子の座・唐人歌舞伎の座・薩摩節・なげ節などさまざまな芸能が河原で行われ、家臣は勤めの暇に、町人は商売の暇々に見物し、賑やかなることは言葉で言い尽くせない、とされている。都市発展の途上の景気の良さと遊芸の数々をうかがうことができる。

この当時、全国的に城下町ほか各都市は建設期の真っ只中であり、各地で勃興期、ひいては好景気の賑わいが続いていた。城下町金沢も同様で、そのような建設期のなか、福久屋は城下の一町人としてスタートを切ったのである。

# 第二章　魚問屋からのこぎり商いへ

## 1――寛永期の魚問屋

中世から近世への流通上の変化について、よく「楽市楽座」ということが言われる。中世の流通では座が中核的な位置を占めていて、例えば中世後期における摂州の大山崎油座は、西日本各地にわたる油の流通を独占していた。座のこのような流通独占は、往々にして流通の活発化を阻害することになったため、荘園領主に代わって支配を深めていた在地領主と反目するところとなった。在地領主・戦国領主の代表となった豊臣秀吉は「楽市楽座」を唱えて、市場における諸規制や座の撤廃に努め、その後の近世領主は同様の政策を引き継いだのである。

では近世になって商売は自由競争となったのかと言えば、そうとも言えない。ここでは福久屋が営んだ魚問屋に関して述べてみよう。寛永二年（一六二五）当時、福久屋は魚問屋を営んでいた。

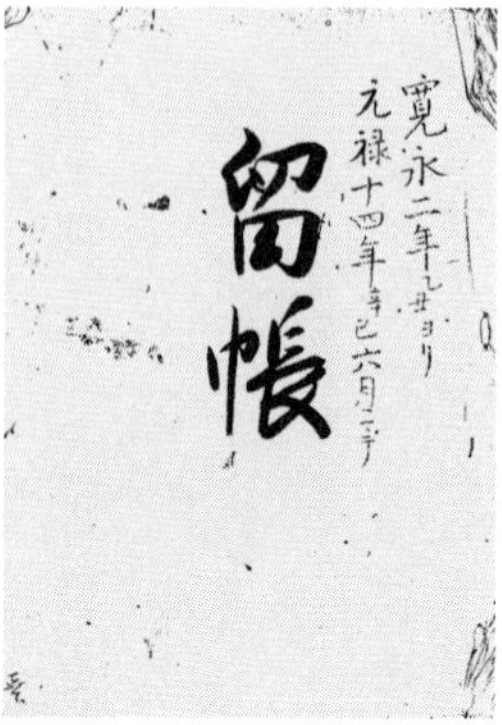


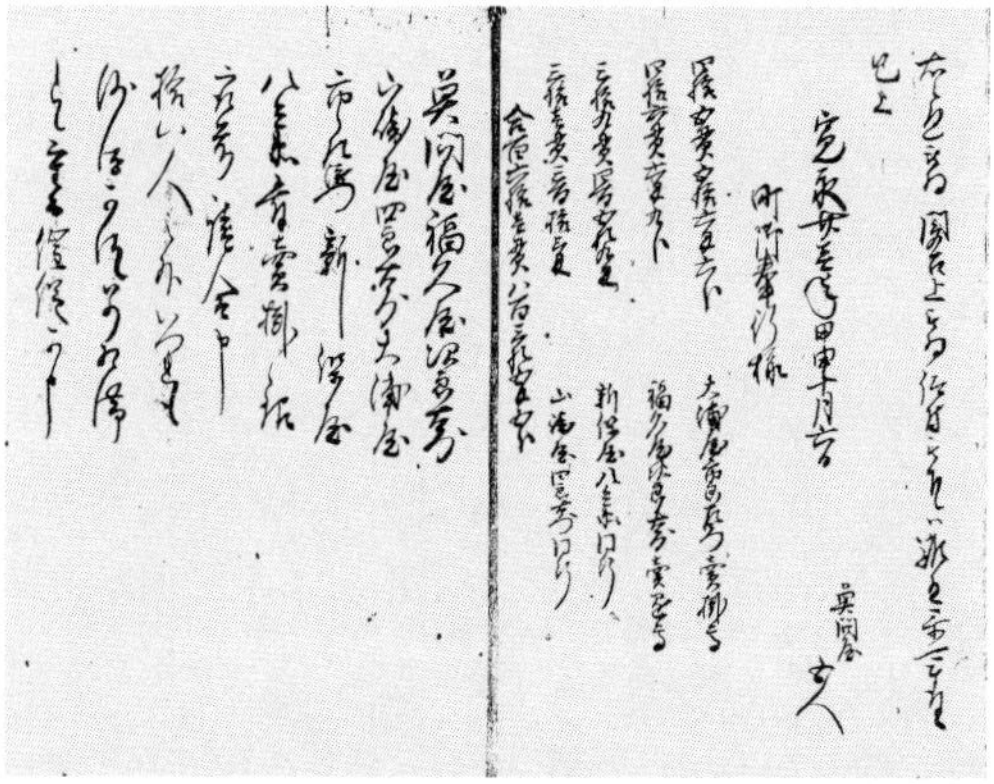

◉寛永２年よりの「留帳」表紙（上）と魚屋借金の記述

その当時の魚問屋は福久屋を含めて六軒あった。「魚問屋」とはどのような商売をしていたのであろう。

実はこの寛永二年は福久屋を含む魚問屋六軒において、ちょっとした危機があった時期である。魚問屋六軒は藩内の諸浦から浜方《はまかた》商人により持ち込まれる魚を独占的に入手していた。それに対し、藩に上納銀（上納金。金沢は関西圏で銀遣い）を納めるから自分たちを魚問屋に任命してほしい、とする新たな商人が出てきたのである。いわば、福久屋らの魚問屋に対し商売敵《がたき》が現れたということだ。福久屋ら旧来の魚問屋は、これまでの働きを主張して、結果的には自分たちの魚問屋としての地位を維持できたのであるが、商売敵は、福久屋らが浜方商人から徴収している口銭《こうせん》（売買の仲介手数料）が高すぎると主張し、自分たちはより安い口銭で問屋を営み、かつ上納銀をも納めるとしたのである。いったいどういうことなのか。

福久屋らの魚問屋には、加賀・能登・越中という加賀藩の領内三ヶ国の諸浦の浜方商人から魚が持ち込まれた。一方、金沢城下の魚屋たちは、この魚問屋に集まってきて浜方商人から諸魚を買い受けるのである。魚屋というと、店兼用の住宅に住んで店に来る人たちに魚を売り捌く人たちをイメージしがちだが、ここでの魚屋はもうちょっと古いかたちで商売をしていた。つまり、自分たちは借屋に住んで、通りに面した店（古くは見世《みせ》と言った）を持つ家持《いえも》ちから店を借り、そこで通行人たちに魚を売ったり、棒手振《ぼてふ》りと言って、天秤竿《てんびんざお》の両端に魚を入れた籠を担いで振り売りする、という形態の商売を行っていた。当時は家持ちというのは家という資産を持つ上層町人で、一方、借屋人というのは家という資産を持たない下層町人、ということになっていた。問屋はもちろん家持ち町人で、城下の魚屋とは格が違っていた。

魚問屋は、浜方商人と町の魚屋が集まって両者の魚売買をする場を提供して、儲け分として浜方商人から売買賃の七％に当たる額の銀を徴収していた。このように売買の場を提供し、売買賃から口銭を取るのが、当時の問屋の一般的なかたちであり、こういう問屋を荷受け問屋といった。その後の近代の問屋に繋がるのは、仕入れ問屋といって荷受け問屋とは異なるものである。福久屋はこの寛永二年より四十五年ほど後には薬種業を営むようになるが、それは一般の人に薬種を販売する一方、大坂などから取り寄せた薬種を、より資本力の弱い薬種屋に卸《おろ》したりする薬種問屋でもあった。このような業態の薬種問屋は、自分の資本力で製品を買い、卸値との差額を利益とする仕入れ問屋である。

寛永二年、福久屋ら魚問屋が商売敵に打ち勝つために、つまり自分たちが魚問屋として魚の流通を独占するために使った論理は二つあった。一つは七％の口銭は決して高いものではないということ、もう一つは初代藩主前田利家以来、自分たちは御用魚を安価で提供している由緒正しい問屋である、ということであった。

七％が決して高いものではない、というのは次のような理由である。魚問屋での浜方商人と城下の魚屋との魚の売買に当たって、城下の魚屋が魚を現銀（今でいう現金）で買うお金がないので、福久屋らの問屋が立て替えて浜方商人に支払っており、結果的には魚屋に貸し銀をしている。福久屋らは浜方商人に高品質の銀で代銀を払うのだが、魚屋たちからの返銀は品質の悪い銀で受け取ることになり、なおかつ、魚屋たちは魚を売った代銀ですぐに問屋たちに返銀するのではなく、何ヶ月も経ってから返銀するのである（高品質の銀とか、品質の悪い銀というのは、寛永年間の当時は、幕府の慶長金銀が広く流通しておらず、各地で品質の異なる銀がいろいろ流通していたことによる）。高品質の銀と品質の悪い銀とでは価値に差がある。それに魚屋からの返済が遅れるので、その間に魚問屋は借銀をしていることとなり、その利子もある。それらに充当すると、七％の口銭ではほとんど利益もないくらいである。――これが魚問屋の主張である。

もう一つの主張は、初代の藩主利家の時代から、藩主御用の魚を納めている、という点である。藩主たち家族の食事の材料は、御菜《おさい》奉行が調達した。御菜奉行から藩主たちの御膳魚《ごぜんざかな》の注文があれば、魚問屋は浜方商人が城下の魚屋に売る値段、いわゆる問屋値段で納め、藩からの支払いは暮れにまとめて行われる、という。問屋たちの主張は、いわゆる儲けなしの納入によって、城下の魚屋たちには迷惑がかからないようにしているし、安価で良い魚を納めるとの誓紙も書き、実際にそうしていることは御菜奉行に聞いてもらえば分かることだ、と述べる。確かに、御菜奉行が御膳魚の調達を城下の魚屋に命じれば、儲けもなく、支払いも年末で、資本力のない魚屋にはできないこと、ないしは命じられれば迷惑なことであろう。

このときに、福久屋たちに対抗して、新しく魚問屋になることを許可してほしい、と言ってきた新問屋は、藩への運上銀を五十枚か六十枚上納する、と主張してきた。銀一枚が四十三匁とすれば、五十枚は二貫百五十匁である。新問屋の主張に対し、福久屋たちは次のように言っている。「御運上五拾枚六拾枚にても御請《おうけ》をも仕候ハんつれとも、壱年弐年ハ我等共之家之壱間をも持申候を売、其上五枚拾枚之まといをも仕候而上可申《あげもうすべく》候へ共、以来今迄之ことくニ御さかな売買仕候而ハ成かたく御座候間」、つまり、われわれも五十枚くらい納入することは可能である、納入するために、自分たちの家の一間《いっけん》分（表間口一メートル八十センチ）を売却すれば、銀五枚や十枚を用立てすることはできる、と言う。間口一間分の家の価格が、二百十五匁〜四百三十匁ということになる。逆に言えば、表間口十間の家を買うくらいのお金を、一年に運上銀として払うというのは相当な額である。ここでは福久屋を含めて魚問屋が六軒あるので、一軒が表間口一間ずつ売れば、合計額でそれなりの運上銀を出すことができるという話だと考えられるが、それでは魚の値段も高くなって、殿様からはもちろん、人々（民衆）からも不届き者と思われ迷惑します、と言う。

福久屋らの競争相手が出てきたのは、これが初めてではない。どの競争相手も福久屋らと同様に、「殿様に良い御膳魚を安価に準備する、さらに家中や城下の庶民たちにも安価に魚を提供する」と主張した。しかし、競争相手は一軒で魚問屋を営むと言ってきており、浜方の漁師や商人たちが持ち込んだ魚は安く買いたたかれるだろうから、と競争相手の希望は却下されてきたのである。今回の問屋希望の者は、福久屋らの取っている七％の口銭率を低くすると言ってきたのである。そうすれば、浜方の者たちは喜んで新問屋に魚を持ち込むだろうが、運上銀を上納するからには御膳魚は高値になるだろうし、一人で問屋を独占すると、結局は国（加賀藩）の費えになろう、と福久屋らは反論するのである。

結局、寛永二年の新問屋希望者出現については、これ以前と同様に新問屋の願いが却下された。その後、事態はどう動いたか。

寛永二年の記事の後、寛永二十一年までの間に、魚問屋に関する文書が「留帳」に数通残されている。それによると次のようである。

寛永十三年に魚問屋の居所について願状《ねがいじょう》が出ており、これは城下町の形成と関わりがある。願状には、「今度旧来の浅野川沿いから武蔵に抜けるところの四十物町《あいものまち》が、竪町入り口に移ることになったとのことだ。私どもも今の四十物町にある屋敷は召し上げにしてもらい、新四十物町内に屋敷を頂戴したい。昨今城下町金沢が繁盛しており、領国内の魚はもちろん、他国魚もたくさん私ども問屋に運び込まれるので、四十物町と自分たち問屋とが離れると、御菜奉行下の者たちも城下魚屋も不便になることは間違いない」とある。

四十物町が移転することになったきっかけは、前年の寛永十二年、河原町から出火し、城下の多くが焼けたあと、都市改造が行われたことである。都市改造は城下町膨張が急速に進んだ近世初期に徐々に進められたが、寛永八年の法船寺《ほうせんじ》門前よりの出火で、城も含め一千戸余りが焼けた際にも、今回と同様の城下改造が進められた。

寛永二年の新魚問屋出願のときに福久屋らが断ったように、城下の魚屋は魚問屋に借銀をして諸浦の魚商人らから魚を買っており、寛永二年の書状には既に魚屋の借銀高が問屋の迷惑になっているとある。寛永九年には魚屋の「掛銀高」（借銀高）を町奉行に報告しており、魚問屋からの借用銀の返済が相当に滞《とどこお》っていたようである。その魚屋借用銀の滞納が大きく問題化したのは寛永十九年以降である。

寛永十九年、福久屋ら魚問屋の言い分では、魚屋の借銀返済が滞って、問屋はこれ以上の借銀ができず、諸浦から来る魚商人たちに支払う現銀もなく、寛永二十年正月には魚問屋の営業を止めざるを得ないこととなった。魚問屋は町肝煎《ちょうきもいり》を仲介にして魚屋たちに滞納銀を支払うように申し込んだ。魚屋たちは、借銀返済の現銀がないので今年暮れまで返済は待ってほしい、差し当たっての魚は借りずに現銀で買うので、問屋を開いてほしい、と言う。そう言われても、それでは問屋は借銀の利息も支払えないからと、滞納銀を支払うよう魚屋に掛け合う。そうこうするうちに、七月には四代藩主光高《みつたか》が江戸から帰国することになり、御菜奉行から、問屋を閉めていると不都合なので、とりあえず魚屋が言うように現銀で魚屋に魚を売ることにして、問屋を開くように、との指示があった。仕方がないので、借銀をしている方々へさまざま詫びを入れて返済を延ばしてもらい、六月には問屋を開いたのであった。ところが、そんなところへ、袋町の銭屋茂左衛門が新たに魚問屋をしたいと藩に申し出てきた。それが許可されるようなら、福久屋ら旧来からの問屋が潰れることになるので、是非不許可にしてほしい、と福久屋らは申し出たのである。

この申し出は、もちろん、新たな魚問屋を許可しないでほしい、との文書だが、城下の魚屋たちがいかに魚問屋に借銀をしているかということや、魚問屋がそのために自身がまた借銀をしてどうにかその返済の延期をしてもらっており、早く魚屋からの返済を切望している、との背景の事情が明瞭に見えている。

この年の暮れ、寛永二十年十二月末には、魚問屋から町奉行に魚屋への返済督促を願っている。先の同年八月付けの町奉行宛て魚問屋の書状では、魚屋たちは「当暮にハ急度《きつと》沙汰可仕由」、つまり年の暮れには滞納銀を返済すると言っていたという。「我〳〵掛銀子大方百五、六拾貫目ほと可有御座候」と、魚問屋全体では魚屋の借銀高が百五十貫匁に及んでいた。しかし、暮れになっても一部の魚屋は返済していないので、その魚屋には来春からは魚は渡さない、是非返済するよう申し付けてほしい、と願っている。寛永二十一年十月の魚問屋の町奉行宛て「売掛銀督促嘆願書」に記されているところを見ると、福久屋次郎右衛門の魚屋への「売掛高」は四十六貫余りに上っている。

この後、福久屋の魚問屋関係の文書は残っていない。また正保四年（一六四七）三月には別の魚問屋が魚問屋拝命の請書《うけしょ》を出しており（『金沢市史 資料編六』）、福久屋たち魚問屋が売り掛け銀を返済してもらったかどうかは明瞭ではないが、福久屋たちがこの間に魚問屋をやめたことは明らかである。

## 2――寛永期の城下町

慶安四年（一六五一）九月、町奉行二人、富永勘解由左衛門《かげゆざえもん》・脇田九兵衛のもとで、町中に長く居住している町人のなかから金沢町年寄が二十名任命された。ちなみに、金沢町では町奉行は基本的には二人制、時には三人体制で、各々の自宅が町奉行所となった。町年寄は二十名任命のうえで、籤《くじ》引きで一番代十人、二番代十人を選び、一番代を二人ずつ五組に分けて、順番で町年寄を勤めることとした。二番代十人は一番代に欠員ができたときの交代要員である。魚問屋を引き継ぎ、その魚問屋を辞めて他国商いに奔走した福久屋四代次郎右衛門は、籤で二番代の九番目になっている。

町年寄は、このときに初めて登場したのではない。文書のうえでは、文禄三年（一五九四）金沢を囲む犀川と浅野川の両河川に大橋を架けることを藩主利家が決め、まず尾山町（金沢の旧名）町年寄へ架橋の手伝いを命じ、その後架橋に対して町年寄が藩主にお礼をするという出来事が記され

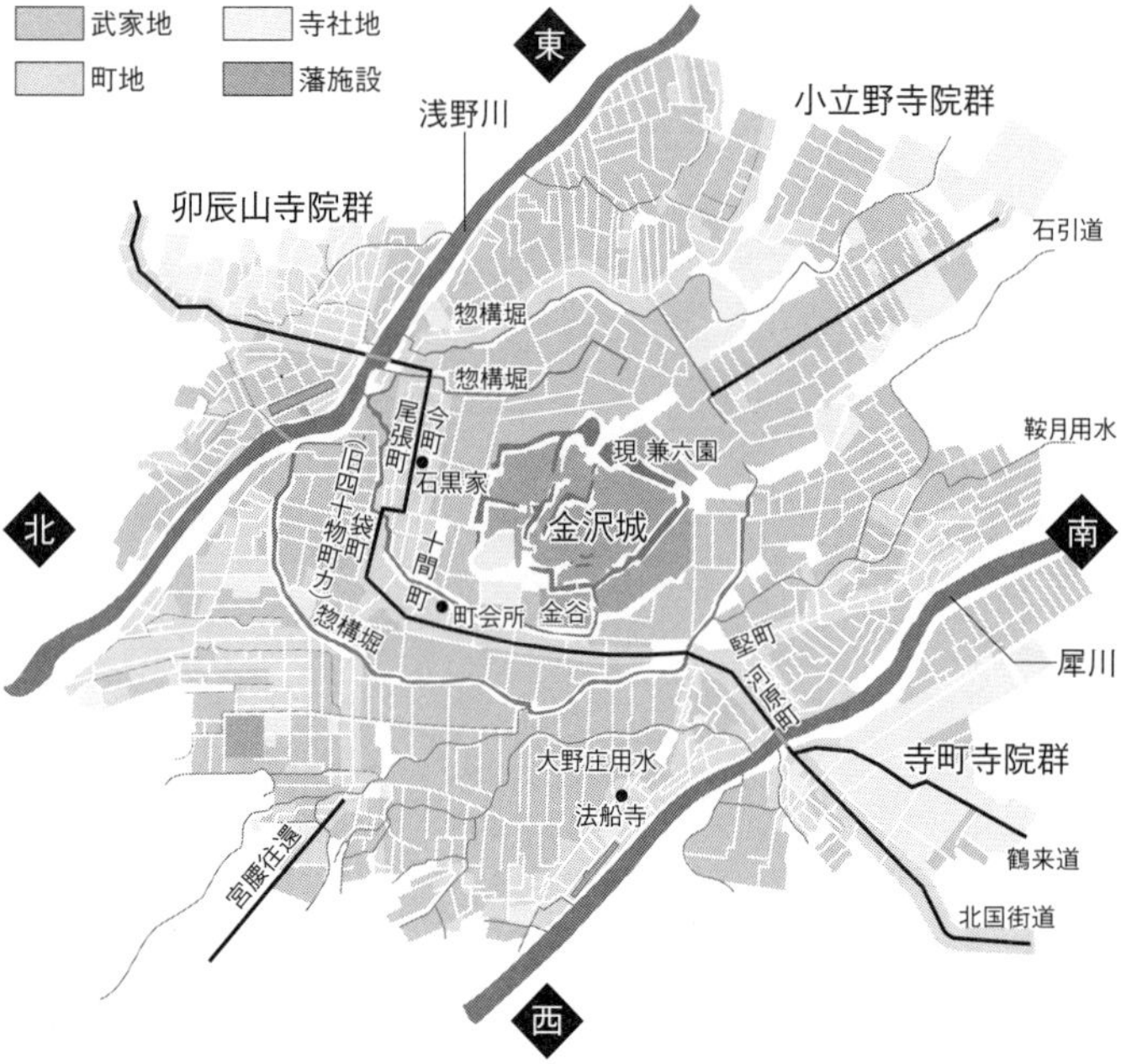


◉金沢城下　「寛文８年金沢城下区分図」(『金沢市史 通史編２』)をもとに作成

ており(「加藩国初遺文」四)、この事情のもとで、町年寄の存在が知られるのである。架橋に対する町年寄のお礼、というのは、防衛上の観点からは城を囲む河川には橋を架けないほうが効果的であるが、商業・経済上は、橋を架けたほうが町は賑わい、町人にとってはありがたい、ということがあるからである。

その後の町年寄に関して、「町奉行歴代帳」(町奉行のみでなく町役人の歴代についても記されている)を中心に見てみよう。

当初は尾山町宿老とも称されることもあったようだが、やがて、町年寄と名称が統一されてくる。

初期に尾山町宿老・町年寄を勤めていたのは、中町の紙屋又兵衛（後に徳庵）、博労町《ばくろうまち》の竹屋仁兵衛、下堤町の喜多村屋彦右衛門、中屋彦兵衛（中屋彦右衛門が名跡を継ぐ）らであった。初期には町年寄が詰める町会所という場所がなく、初代の町奉行の村井豊後守と篠原出羽守の家に詰めていたと言われる。その後、竹屋仁兵衛の家に詰めるようになったらしい。そして寛永十三年（一六三六）に安見隠岐元勝が罪を得て流刑になると、その遺邸が町会所になった。なお、前記の喜多村屋彦右衛門は、慶長五年（一六〇〇）に徳川家康に請われて江戸の町年寄役に就き、その後、喜多村屋次郎兵衛が金沢の町年寄になっている。

正保二年（一六四五）に前田綱紀《つなのり》が五代藩主を襲封した際、江戸表へご祝儀を持って挨拶に行った町年寄は五人で、紙屋武兵衛・浅野屋次郎兵衛・越前屋喜右衛門・香林坊喜兵衛・道金屋弥右衛門であった。ここまでに登場する人々は、後の町年寄や町役人の先祖に当たる人物もいるが、これらの町人は一方で屋敷地を拝領したり、藩主の御用金要請に応えるなど、藩主の御用を担う初期御用商人の性格を持っていたと言ってよかろう。初期御用商人とは藩主の本貫の地から連れてこられた大商人などで、藩主の懇意の側近であった。

この後が、慶安四年（一六五二）の町年寄二十人に繋がるわけだが、この二十人のなかには、以前の御用商人と重なる人物もいれば、御用商人でも除かれている者もいる。福久屋のようなこのときに新たに登場した町人たちは、長年城下居住でそれなりの身代《しんだい》を築いた人たちと考えられ、初期御用商人に対し、いわば新興商人と言うべき町人たちであった。

このように新興商人も町年寄に加える背景には、寛永期に藩が集中して町方の整備を行ったことがある。

まず、町法の矢継ぎ早の発布であり、町法を守らせるための体制〈町肝煎―十人組頭―十人組〉の整備であった。町法の主なものは、御城御用など町人より召し上げの人足の徴発、火の用心、治安、風俗統制、町方出入り（訴訟）の処理、切支丹摘発、町人身分の保持（衣料統制など）などであった。治安や風俗統制において、当時、下級武士・町人らの「かぶく」（傾く）風俗を厳に戒《いまし》めているのは、地方都市金沢でもかぶく風俗が大きく流行していたことをうかがわせ、江戸と共通するところである。

十人組は金沢では初期から近世を通じて維持された隣保《りんぽ》組織で、治安維持や逃散《ちょうさん》防止などに始まり、種々の法遵守のために機能した。

この寛永期には、加賀藩政でさまざまな改革が行われた。財政の要となる算用場《さんようば》（財政を司る役所。奥勘定所）を刷新して強化し、領民に対し横暴な知行人や代官を処罰して領国内の統制を図った。奥能登の産塩を専売制にしたり、領国貨幣制度の確立も行った。政治・経済の改革とともに、富山藩と大聖寺《だいしょうじ》藩という支藩を誕生させて本藩加賀藩を支える体制を作ったのもこの時期である。加賀藩の武士たちは、十分に脱していなかった軍事政権の武士集団から、統治者としての武士集団へと急速に変化し、藩政の確立期とも言える時期であった。藩主利常政権は安定期を迎え、利常が寛永十六年に隠居、四代光高へと移行した。

## 3――福久屋ののこぎり商い

福久屋は四代次郎右衛門のときに魚問屋をやめて、幅広い他国産物商いに転じた。次郎右衛門が隠居して行祐となったのは承応三年（一六五四）で、婿養子の五代新右衛門が跡を継ぐが、新右衛門は跡を継ぐ以前から他国産物商いに加わっている。その他国商いの様子は由緒書に語られている。

前に紹介したように、福久屋では家の由緒書が三点残っており、この他国商いについて明快なのは、嘉永五年（一八五二）に書き上げられた「石黒氏福久屋永世家譜」である。他国商いの全体像をつかむのにその記述が分かりやすいので、そのまま次に紹介してみよう。まずは四代で魚問屋をしていた次郎右衛門についての記載である。なお、文中に「当所」とあるのは金沢、「当国」は加賀藩のこと、「布」は麻布である。

其の後肴問屋《さかなどんや》を止め家業を改て、遍《あまね》く他国産物を商ひて交易す。上は京・大坂・出雲・伯耆等、下ハ越中・越後・出羽・奥州等に至迄《いたるまで》交易して、国用を達しぬ。大抵、京・大坂・堺にて小間物類・綿・木綿を買入《かいいれ》、これを奥州津軽・弘前に出店を構へて商ひ、金沢にて布・染帷子《そめかたびら》を買仕込ミて、出羽の秋田に運送・商ひ、また出羽・越後の新潟・酒

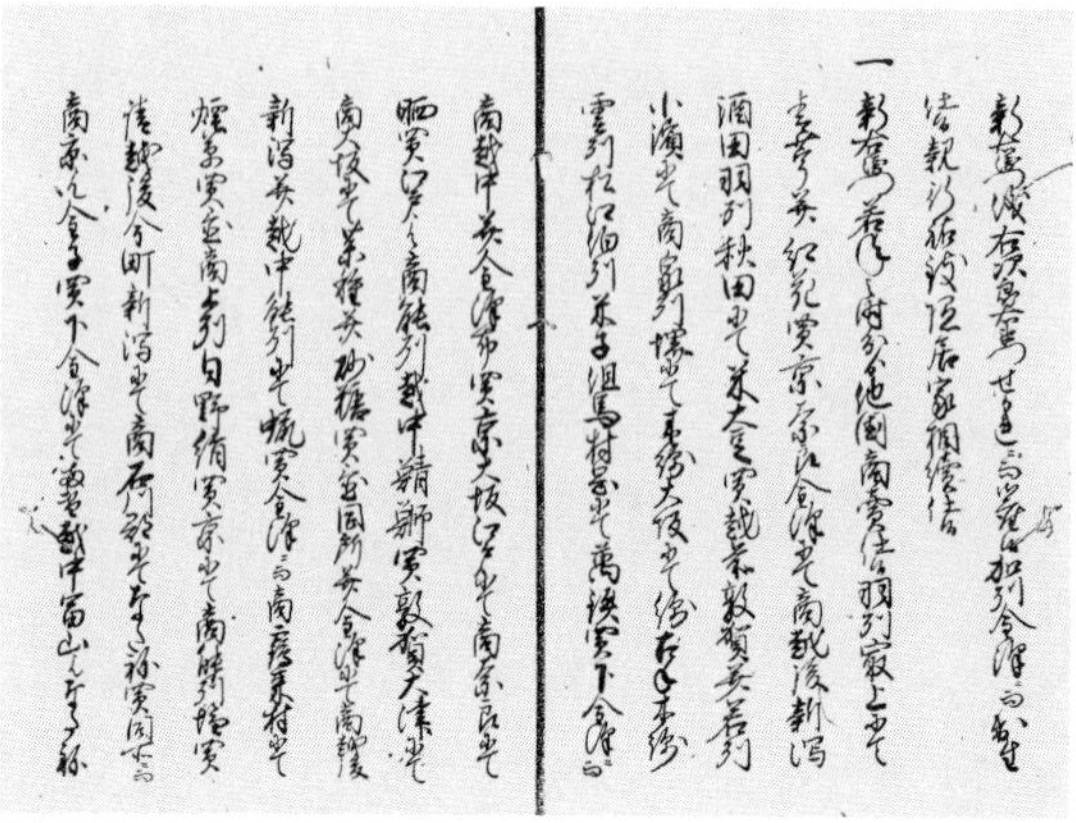

◉福久屋石黒家６代新右衛門（衣興）による「由緒」　５代新右衛門の他国商いについての記述

田にて米・大豆等を買《かい》こミて、越前の敦賀へ運送し、出羽最上にて青苧《あおそ》を買入、京・奈良等へも運送し、又金沢へも持ち運ひ、或ハ越中・能州にて鯖《さば》・鰤《ぶり》・鱈《たら》を多く買入、越前敦賀・近江大津等へ運ひ、西国ニてハ出雲の松江・伯耆の米子等にて鉄を買入、当所にて商ひ、当所にて布を買入、京・大坂にのぼせて商ひしト云《いう》。誠ニ手広キ事也。

これを見ると、東北は穀類や青苧（麻布の原料）などを産出し、木綿や布などの加工品を受け入れ、畿内は穀類・魚を供給され青苧を原料にして布にし、さらに布を染色している。金沢を含めた北陸はその中間で、鉄や青苧など原料を輸入し加工もするが、魚などの輸出もしている。敦賀や大津は荷物の輸送中継地で、どちらも、おおかた畿内へ運ばれる荷物を扱う。

さて、右の引用は福久屋次郎右衛門、つまり四代についての記述だが、次の代の当主となる新右衛門についても次のような記述がある。

是、養父次郎右衛門いまた隠居せざる内、新右衛門壮年にして、広く父にかはりて諸国へ商ひ事にめくれり。今、亭主となりてハ弥《いよいよ》広く他国商ひをなせり。大抵、その国々交易の品あらましハ、出羽の最上にて青苧・紅花《べにばな》を買入、京・奈良へ運送し、又当所ても商ヒ、越後の新潟・酒田、出羽の秋田にて米・大豆を買入、越前敦賀・若狭小浜などへ運送し、和泉の堺にて木綿を買入、大坂にても木綿・古手綿《ふるてわた》等を買入、又出雲の松江、伯耆《ほうき》の米子、但馬の村岡等ニて鉄類を買下し、当国にて商ひ、或ハ当所　並《ならびに》越中に布を多買認《したた》め、京・江戸等へ運送シ、奈良晒《ならさらし》を買いうけて江戸へ廻し、越中・能州にてハ鯖・鰤等を買入て、越前の敦賀、近江ノ大津にて商ひ、大坂ニて薬種・砂糖を買入、当所ニ下し、並越後新潟、越中・能州にて蠟を買入て、同しくハ当所へ廻し、越中富山ニてなたね（菜種）を買入、当所へも廻し、越前敦賀等へも廻し、尤石川郡ニてなたねを買置《かいおき》、当所にて商ひ、或ハ鶴来村にてたはこを買入、或ハ上州日野絹《ひのぎぬ》をも買入て、上方へ廻し、能州ニて塩を買入、越後筋今町・新潟等へ運送し、近江膳所《ぜぜ》にて茶を買入、能州七尾《ななお》へ下し、且《かつ》能州にて材木の商ひをなし、宮腰にて米・大豆を商ひ、京・大坂にて金子を買下し、当所にて両替する事多シと云。

次郎右衛門と新右衛門の交易の違いなどは後に述べることにしよう。

由緒書からは広範囲にわたる福久屋の商いの様子が伝わってくるが、その実態は具体的には、三通の書状にのみ残されている、関西の問屋、「いせ《（伊勢）》村屋久兵衛」から四代次郎右衛門に宛てた商用書状（一〇）が物語ってくれるのである。三通の書状に年記はなく、「酉ノ十月」と「戌ノ二月」と「戌ノ五月」と記されている。酉《とり》年と戌《いぬ》年は、正保二年（一六四五）と三年か、次郎右衛門隠居後の明暦三年（一六五七）・万治元年のどちらかである。しかし隠居後であれば、宛名は行祐になるであろうし、書状から伝わってくる商いの様子は手慣れたもののようだが商い高が小さいので、他国産物商いを始めて間もない、正保二・三年であろうかと思われる。

ところで書状の差出人・伊勢村屋の所在地であるが、それは大坂であろうと考えられる。差し出しの肩書きは何もない。けれども、三通の書状から、四国や九州の、時には秋田の米が集まって売買されていること、そこが木綿の購入地であること、伯耆などへの船が発着していること、薬種の売買が行われ、長崎問屋があること、高級品（衣類や家具）を受注することができること、などが分かる。伊勢村屋が整えた注文品を、いったん京都に登せていることから、京都ではない。大坂は、寛永六年（一六二九）に幕府の大坂城が完成し、伊勢村屋が活躍していた頃は、発展途上にある都市であった。書状の書かれた二十年ほど前には、大坂の道修町《どしようまち》で薬種問屋が開業し、その前後に各地の藩米や幕府米が大坂に入津《にゆうしん》しはじめている。だから、伊勢村屋は大坂の商人であろう。

酉（正保二年）十月の書状では、次のようなことが分かる。

福久屋の使用人の九兵衛が、次郎右衛門からの注文書を携えて伊勢村屋までやって来た。書状には五種類の薬種の注文があったので、それに従って伊勢村屋は商品を念入りに購入した。五種類の薬種とは、「とつくわつ（独活。ウドの根茎を乾燥したもの）」「くわつから（藿香。シソ科パチョリの地上部を乾燥したもの）」などの五種類だが、例えば中国産の独活は五匁の注文で金額では四匁、おおよそ薬一匁で銀一匁の値段、藿香は十匁の注文で金額は銀六匁、おおよそ薬種一匁で五分（一匁の半分）である。薬種それぞれは五匁とか十匁とかで、商売用というより、自家用という感じであり、伊勢村屋はそれら注文の薬種を「とうかいや」（唐海屋か）から取り寄せた。薬種を入れる箱代と京都までの運賃の八分を含めて、伊勢村屋から福久屋への請求金額は二十二匁余りにしかならない。薬種と一緒に注文の魚荷物を京都の帯屋善兵衛に届けるので、すぐに金沢の福久屋に届くだろう。
――伊勢村屋はこのように言い送ってきている。

京都の帯屋は、福久屋からの注文を受け付けるもう一つの問屋で、伊勢村屋などからの荷物はいったん帯屋に送られて、帯屋から他の商品もまとめて金沢に下すことになるのだろう。このときの書状には、福久屋から伊勢村屋へ販売を依頼している商品の売却と、当時の米・豆などの伊勢村屋所在地の価格相場に関して伝えている。

売却依頼は日野絹と福久屋が買い置きした薬種についてである。日野は現在の群馬県の地名で、日野絹は江戸時代初期から生産されていた特産品であった。売却したのは二疋《ひき》つまり四反で、売却価格は八十五匁であった。薬種については、「一、御買置《おかいおき》之薬種之義、随分油断不仕《つかまつらず》候。少直段《ねだん》も出申候ハヽ、売はらい可進《まいらすべく》候」とあり、たぶん福久屋が伊勢村屋に依頼して購入してもらったものであろうが、価格が上がった時点で売却するものである。伊勢村屋は、薬種価格には注意しており、利益が出そうな時点で売却すると約束している。

物価の相場書《そうばがき》というのは、その価格によっては購入したり、どこかに買い置いたものを送り届けて売却を依頼するのに、福久屋が参考にするのである。繰り綿・木綿・苧《からむし》・綿と衣料などに関わる商品で、木綿は日々高値になっていると伝えている。木綿はもう反物になっているもので、染めればすぐに着物になる。木綿が庶民の衣類となってまだ日は浅いが、麻と違って柔らかく汗などの吸収がよいので、需要は急速に大きくなっていたのである。伊勢村屋は畿内に所在する。畿内で生産の多い木綿類は、購入して東北などで売ると利益の出る商品である。

その他に、小判は六十匁弱、とある。小判価格は地域差があり、例えば、伊勢村屋に買ってもらって金沢に持ってくれれば利益が出たりするのである。それは前出の由緒書の、息子の新右衛門の交易活動で見たとおりである。

さらには米と雑穀・豆類の相場が書かれており、米は六地域の相場である。高価格であるのは肥後米・讃岐米で、一石に付き八十匁前後、安いのは秋田米や地廻《じまわ》り（畿内近辺）新米で六十六匁余り、加賀米は六十七匁から七十八匁の値幅がある、とされている。加賀米は福久屋が地元で買って各地に送って売却するのである。一石の値段としては、近世のこの時期では全体にかなりの高値になっている。米の消費地である畿内は全国的に見ても高値の地域である。雑穀では大麦・小麦・大豆に小豆などの価格が記されている。

書状では、福久屋の使用人である九兵衛が、伊勢村屋に寄った後、奈良へ向かったとしている。九兵衛は、各地の伊勢村屋のような問屋を廻って商用旅を続けているのであろう。

戌（正保三年）二月の書状では、福久屋の使用人として、再び九兵衛、そして徳左衛門の二名が出てきて、前日に九兵衛が次郎右衛門からの書状を携えて伊勢村屋に来ている。九兵衛は例年のとおり、この後伯耆の国へ出立するので、伊勢村屋が安心できる旅船を彼のために差配することになっている。由緒書に見たように、九兵衛は伯耆で鉄を買い付け、そのときの値動きや状況に応じて、その場で鉄を売却したり、加賀のほうの便船で運ぶように差配を依頼に行くのであろう。つまり、伯耆には近畿の伊勢村屋のような、福久屋の依頼に応じて物産を売買する問屋がいるということである。九兵衛はその問屋への福久屋からの依頼書状を携えているのであろう。

九兵衛はこのときに福久屋から伊勢村屋に渡す銀二百匁を持参してきていた。一年に何度かの、伊勢村屋との決算であろうが、額としてはたいしたことはない。伊勢村屋は福久屋から依頼されて買いも売りもしているので、差し引きして買いの多い分を精算して、算用状を福久屋へ送ると言っている。

先の酉十月の場合は、書状に対する返事を誰にことづけたか分からないが、伊勢村屋が出したのは十月二十日で、福久屋の受け取りが十八日ほど後の十一月八日になっていて、大坂と金沢にしては長くかかっている。今回は徳左衛門が金沢に戻るので、返事を徳左衛門に託すことになった。九兵衛同様、既に各地を廻ってきた徳左衛門は、伊勢村屋の場所からじかに帰国することになっていたのであろう。

この書状と次に紹介する書状で注目されるのは、「一、大廻之御買物調置申候、追付積下し可申候。あらまし値段ハ今度書遣し申候。算用状ハ跡ら《(より)》仕下し可申候」（二月付け）や「大廻之荷物近々ニ参着と奉存候」（五月付け）とある大廻《おおまわ》りの荷物と表現されるものである。先のは大廻りの買い物を終えたのですぐに金沢に送る、おおよその値段は今度伝え、正確な算用状はその後で申し送る、とし、後のは大廻りの荷物が近々到着する、と言う。大廻りは後に西廻りや東廻りで表現される海運を指していると思われる。由緒書からうかがえる、長い海運で畿内に運ばれるような物品は、関東の日野絹くらいである。由緒書には表されていない山陽・四国・九州あたりの物品を福久屋が扱っていた可能性もあるが、四国・九州の物品ならば特徴的なので、由緒書にも記載されるであろうから、ここでは「大廻り」で扱われている商品は日野絹などとしておこう。

江戸時代は前期から海運が有力な運送手段であった。日本海側の物品を扱って売却する場合は、おおかた、金沢に近い港の宮腰《みやのこし》に、または敦賀《つるが》や小浜《おばま》に運ばれる。敦賀や小浜は、この当時大きな物産の集散地で、両地に集まった物は敦賀なら七里半街道を、小浜ならば九里半街道の陸路を運んで、琵琶湖北の塩津《しおつ》や今津《いまづ》に届け、そこから舟運で大津へ、そこから陸路で京都や大坂など畿内の消費地へ運ばれるのである。

伯耆の鉄を金沢に運んで売却したと由緒書にあるが、この場合は、伯耆から地廻り船を乗り継いで宮腰まで運んだのであろう。宮腰からは舟運で北上し浅野川を遡上して城下に入り、堀川に着けるのである。出羽や最上の紅花もそれぞれの川を下って海港に出し、そこから地廻り船で日本海側の各都市、各港に運ぶのである。

大廻りで到着した諸品は買い整えたので、追って金沢に積み下ろす、つまり琵琶湖舟運と陸路、敦賀などからの海運で宮腰に着ける、と書状は言っている。これ以前に福久屋は伊勢村屋に木綿を注文したが、このとき追加注文している。木綿は全国各地、特に東北地方では売れ筋の産品であった。

福久屋から売却を依頼されているが、去年から売れ残っている麻布（これは越後や能登から運んだものであろう）は、買い求める人があれば相場で売る、と書状は言っている。福久屋は、伊勢村屋で買ってもらった薬種を、値上がりを待って同じ伊勢村屋で売却してもらおうとしていたのだろう。「一、御買置之薬種之義、長崎問屋衆へは方々へ切々申遣し置申候得共、大分下直ニて、損銀過分御事ニて御座候間、へん〳〵ニ成申候。此方油断ハ不仕候間、少御そん銀参候処ニ候ハヽ、はらひ可進候」。伊勢村屋は「長崎問屋衆」へそれらを売ろうとしているが、ひどく安値で福久屋の損銀になる、できるだけ損銀が少ない状況で売り払う、と言っている。この長崎問屋衆であるが、長崎の物産を扱う問屋と考えてよい。薬種は中国から長崎に入ったものが多く、長崎問屋はそれらの薬種を扱ったのであろう。福久屋の値上がり待ちの薬種も中国産で、長崎問屋は福久屋のような値上がり待ちの中国産薬種も時には買い求めたものと思われる。

福久屋はこのときに、自家用と考えられる長持《ながもち》と「皮道服」（革製の道服）を伊勢村屋に注文している。皮道服が金沢では作られていないであろうことは想像できるが、長持は普通のものは金沢でも作られたであろうから、やはり京都や大坂でないと作られなかった上等な長持なのであろう。長持には二種類の作り方があり、一つに付き三十五匁と六十五匁の違いがあるという。かなり高価な長持で、しかも複数を依頼している。道服の値段はここでは出ていない。福久屋のかなり豊かな生活が想像できる。

高麗人参《こうらいにんじん》も注文したらしく、人参の値段について詳しく書いてある。「一、人参之相場、頃《ころ》ハ殊外高直ニ成申候。只今有合申《ありあわせもうさば》ハ、貴様御気ニ入申間敷候。先《まず》当分有合申候上々吉ハ、一斤ニ付壱貫九百匁位ニて御座候」とあり、最近は特に値段が高いという。そのときに入手できるのは福久屋の気に入らないだろうとし、差し当たり入手できる最高のものは一斤（百六十匁）で一貫九百匁、つまり人参一匁で銀十二匁くらいになり、先ほどの重さ一匁で値段一匁くらいの薬種と比べると格段に高い。

その他の相場書きでは、樟脳《しょうのう》、肥後・讃岐・加賀の米、麦、大豆、小豆が挙げられている。肥後米と讃岐米は一石で六十七匁余り、加賀米は五十五匁から六十四匁の値幅がある。肥後や讃岐の米値段が記されているのは、福久屋にとって加賀米を大坂へ運んで売る際の参考にするものであったろう。先の書状でもそうであったが、加賀米は高いものでやっと肥後・讃岐米と並ぶが、比較すると安値である。先の酉十月の書状の記載では肥後・讃岐の新米は市場に出ていないとするから、新米出回りの直前で米は高値のときであったことを考えれば、この値段は理解できる。

三通目の正保三年五月の書状では、福久屋のまた別の使用人である又右衛門が福久屋の書状と、売買差し引き福久屋の伊勢村屋への借銀、百七十四匁余りを持参して伊勢村屋へやって来たことが分かる。又右衛門は、このときに伊勢村屋からの返事を携えて、金沢に下っている。少し推測も交えて言えば、この書状を携えて伊勢村屋を五月一日に出発した又右衛門は、八日かけて同月九日に福久屋に書状を届けている。酉十月の書状の場合と大きな違いがある。

この書状では、先の書状と同様に、売れ残りの麻布売却のこと、福久屋買い置きの薬種の売却、高麗人参の価格について再度述べている。麻布はまだ売れていないこと、買い手が出ても安値となるが、それでも売却するので、了承してほしいことを述べ、上品の奈良布や近江布でさえ安値で、加賀や越中の麻布はいっそう安値であるとしている。つまり、売れ残った麻布とは、福久屋が地元から送った麻布であった。

買い置きの薬種はまだ安値であるので、少し高値になった時点で売り払うつもりであること、高麗人参は最近上質のものが多く出回っており、値段が一貫七、八百匁で日々値段が上下していることを伝えている。

その他に、染め物などの福久屋の注文品は、先日福久屋次郎右衛門と縁のある福久屋喜右衛門のもとへ送ったので近いうちに届くはずとしている。福久屋喜右衛門に関しては、この時期より三十五年ほども後の天和二年（一六八二）に、福久屋（このときには尾張町居住）の身元請負人として、南町の福久屋喜右衛門が立っている。伊勢村屋の書状に現れた喜右衛門と同人か次の代になっているか定かではないが（尾張町の福久屋は代替わりしている）、この当時は次郎右衛門と組んで商売をしていたのであろう。

次いで、大廻りの荷物は近く港に入ること、福久屋が求めている薬種の葉甘草《はかんぞう》などは先の書状に書いたとおり高値であることを述べる。他の二通には書き連ねていた諸物相場に関して、今回の書状では、又右衛門に伝えたので又右衛門から聞いてほしい、としている。先に述べたように、又右衛門の場合、八日間で大坂から金沢に戻れるのに、問屋などの通信業者に委託した場合、倍以上かかっており、まだ通信システムが有効に働いていない江戸前期の状況を認めることができる。

さて、以上の三通を参考にして、先の由緒書にある次郎右衛門と新右衛門の他国商いの記述を考えてみよう。

福久屋の幅広い他国産物商いの背景には、おおかたが福久屋主人か使用人が各地へ赴き、各地に福久屋の依頼に応じて商品を仕入れ売却する問屋があるということで、扱う商品の種類は多様、ということになる。また伊勢村屋の特徴かもしれないし、福久屋の他国商売の初期の様相かもしれないが、取引金額がそれほど高額ではない。

注目されるのは、次郎右衛門の活動で、津軽や弘前で「出店を構え」という文言である。伊勢村屋のような、福久屋の注文を受けて荷物を仕入れ、運送したり、預かった荷物を売り捌いたりする問屋が各地にあったと推察してきたが、津軽や弘前になると、そのような問屋の発達がなかったのではないだろうか。そこで、月に何回か開かれる市場（三日市とか八日市とかの類い）に何らかのかたちで店を出すようにしたのだろう。が、伊勢村屋の存在から推測されるのは、たいていの地では、福久屋の主人や使用人が直接に品物の売買に携わったわけではないだろうということである。

新右衛門の記述では、父親同様の他国商いの様子が表されるが、いくつかの違いを見いだすことができる。大坂にて薬種を買ったのは、伊勢村屋の書状から次郎右衛門の代からであることが分かっているが、由緒書の記述には現れておらず、記述の見えるのは新右衛門の代になってからである。次郎右衛門の段階では薬種の購入が自家用の域を出なかったのが、新右衛門の代になると、「当所（金沢）に下し」とあり、金沢で売るための購入に変わったと言えるのではないだろうか。

薬種に注目したのは、他国商いを続けながら、新右衛門がやがて薬種業を始めたからであるが、福久屋に限らずに言えば、新右衛門の代には江戸が消費市場として現れてきたこと、加賀藩内で煙草・菜種・蠟などの農産物が他国商いの対象品になるほど豊富になったことなどが挙げられる。この背景にあるのは消費の拡大が生産を促したということで、江戸でも金沢でも、庶民も含めて消費物の種類が多くなり量も拡大し、それを生産が追いかけたのである。元禄期に続く高度成長の時代はもうこのときから始まっていたのである。

福久屋について言えば、先ほども触れた薬種に限らず、この高度成長の波に乗って、経営規模も拡大し、新右衛門の代に「弥《いよいよ》広く他国商ひ」をしたということになろう。金子《きんす》の両替においても、伊勢村屋の書状に金相場が出ていたように、次郎右衛門の時代から、金を大坂で買って金流通の少ない金沢で両替し儲けていたようだが、新右衛門の代には金沢で両替商も営むほどになっていたようだ。

この二代続いた他国商いは、商品を売却可能性の大きい地に持って行き売却し、その売却代金で当該地の産物を買って、他へ運び売却し、また購入するという形態で、行きと帰りに商売を行うので、のこぎり商いとも言った。この時期は、大坂を経済拠点として成立していた全国経済が次の段階へと発展していく途上であった。次に見るように、大坂は領主米市場として元和・寛永期に成立していたが、その後の全国的な商品作物の生産興隆を受けてさらなる段階へと発展しようとしていた。のこぎり商いは、そのような全国的な経済のあり方に照応した商売形態であった。

## 4――大坂登米と十七世紀中頃の商人の変化

大坂と言えば、江戸時代は経済の中心とされるが、その背景には西日本各藩の年貢米が大坂に登せられ、貨幣に替えられたという事情があった。年貢米の大坂集中は、寛文期の河村瑞賢《かわむらずいけん》による西廻り航路の開発による、と通説では述べられている。

加賀藩を例にとると、寛文期以前のかなり早い時期から京都・大坂へ年貢米が送られている。寛文期以前に日本海側の地域から京都・大坂に舟運で運ぶとなると、まず敦賀・若狭に船で運んで、そこから陸路を琵琶湖の北の塩津などに運び、それから琵琶湖を船で大津に着け、京都・大坂に登せることになる。

ところで、越中の氷見《ひみ》・砺波《となみ》・婦負《ねい》あたりの蔵入地（藩主の支配地。藩臣の知行地に対してこう言う）で代官をしていた篠島豊前清政《ぶぜんきよまさ》の元和から寛永初期の蔵米算用状が残っている。それによると、篠島豊前の扱う年貢米を一〇〇％として、大津や敦賀・若狭に運ばれている分は、元和六年（一六二〇）で四一％余り、同七年で四四％余り、同八年で四九％余り、寛永元年（一六二四）で五五％、同二年は三九％余り、同三年で三九％、となる。平均して四四・五％となる。

同様に、清政の子の篠島豊前清長が代官をしている蔵入地で、明暦元年（一六五五）から万治三年（一六六〇）までの蔵米算用状が残っている。父親の元和・寛永期とは少し地域が異なっているが、そこには直接「大坂廻米」という項目があり、平均すると五三％弱がそれに充てられている。

両期を比べると、後のほうがちょっと多いが、元和・寛永期にもそれに近い量が京都・大坂の上方へ送られていることになる。ちなみに、明暦・万治期に大坂廻米となっているのは、船でいったん大坂に運ばれ、その後で京都に入ることになるので、元和・寛永期の京都・大坂と事情はほぼ同じである。運送方法は異なるものの、加賀藩における年貢米の上方集中は元和・寛永期には既に固定していたと考えてよかろう。

とすると、西廻り航路の開通以前の明暦・万治期に、既に「大坂廻米」が固定化しているとはどういうことであろう。西廻り航路の開発が大坂への廻米の前提ではなかったのか。

このことについては、見瀬和雄氏や長山直治氏が解明している。

加賀藩では既に正保期（一六四四―四八）に大坂廻米が本格化して、以降寛文期にも大きくその量を増している。当時の海運には難船がつきもので、海難救助体制の整備が不可欠であった。加賀藩では、陸廻与力《おかまわりよりき》と称する藩役人が、下関を廻って大坂に至る、河村瑞賢により開発されたとするいわゆる西廻り航路上の各地に派遣されて、海難処理に当たった。陸廻与力の初見は慶安三年であり、この当時の加賀藩米の運送に当たった船の海難処理に従事している。

長山氏は瑞賢による西廻り航路開発以前に、加賀藩から大坂への航路が体系づけられており、瑞賢はそれを目にしながら、出羽・最上の幕府米の下関経由での運送体制を作ったので、それは決していわゆる「開発」ではなかった、としている。篠島豊前の明暦から万治期の「大坂廻米」は、加賀藩が作った運送体制のもとで体系づけられた航路を通って運ばれたのである。

この体制がとられると、これまで物資の集散地として知られた敦賀・若狭は、その地位を急速に低下させていく。

福久屋が他国商いを実施する頃には、各地の海運・舟運が整いはじめ、大坂と京都を中心とした上方市場が大きくなり、米のみならず、多くの商品がやりとりされる体制が作られていたのである。

江戸時代の初期には豪商と言われる各地の大商人たちが、幕府や大名たちと深い関係を持って活躍した。一つは大名の年貢米を預かって現金化し、二つには海外の貿易品を大名たちに調達したり、大名たちの調達品をまとめて買い調えたりした。加賀藩では敦賀の高島屋が年貢売却に当たったし、小浜の組屋などがこうした機能の一部を担った。より規模の大きい京都の角倉《すみのくら》や茶屋、堺の今井、博多の大賀などの豪商もそうである。

この豪商たちにとって不利に働いたのが、国内航路の開発であり、もう一つはもちろん鎖国と幕府と諸藩における贅沢禁止令である。航路の開発は中・小海運業者や藩直接の海運を可能にした。また後者によって、大名は例外としても、上層武士や富裕な商人たちの、天鵞絨《ビロード》・緞子《どんす》・綸子《りんず》など海外から入っていた贅沢品への需要は激減した。

一方、平和になって伸び続ける庶民の需要に応える諸商人の活動は活発化し、物品の輸送路・輸送手段が変化してきた。先に述べた福久屋ののこぎり商いも、上層町人たちから中・下層町人へと次第に広がる、庶民の需要に応える、商売形態の一つであった。

のこぎり商いと同時に成立していた、または共存していたのは町方の荷受け問屋という問屋の形態であった。前述のとおり、荷受け問屋とは、城下町なら武士と庶民の、町方住人の需要に応えて、生産地の荷主から運ばれてきた諸商品を預かって、それを売却し、手数料を取って荷主に売却金を渡す問屋である。われわれが一般に認識している問屋とは仕入れ問屋で、これは問屋側の資金で、問屋側の意向によって生産地から諸商品を仕入れ、自分の才覚で商品を売却する形態である。荷受け問屋のほうは手数料を取るだけだから利益は少ないが、安定はしており、一方、仕入れ問屋は利益は大きいが、仕入れた商品が売れない場合は自分の損失になるという危険もある。江戸時代の流れから言えば、前期は荷受け問屋が一般的で、次第に仕入れ問屋に変わっていく。と言っても、江戸時代の終わりまで荷受け問屋は残ってはいた。

荷受け問屋に商品を持ち込む荷主として、のこぎり商いをする福久屋のような荷主も存在したと思われる。町方の需要が増加して安定してくると、販売種目を絞った専門店舗も安定して利益が得られるようになるのである。

福久屋は、魚問屋のときには、かたちとしては荷受け問屋であり、それから荷受け問屋を利用してのこぎり商いをし、その後、薬種業専門の店舗に変わったと考えられよう。

金沢も含め、建設期の全国では畿内、特に大坂を中心として商業のあり方が発展的に、ただしめまぐるしく変化していた。そのなかで福久屋は魚問屋から他国商いへとひとまず経営を拡大し、身代を築いたのである。政治・経済と世の中がやや落ち着いてくる頃、福久屋は新たな生き方を求めていったのである。

# 第三章　薬種商福久屋と奉公人たち

## 1——金沢中心体制

前田政権のもと、城下町金沢が加賀藩の政治の中心となったのは当然である。しかし、それが経済的中心ともなるには、また別の要素が必要である。

ここでは、明暦・万治期（一六五五—六一）に加賀藩の経済政策が金沢を中心としたものに変化していく様子を見てみよう。近世初期から後期の小松町会所の史料である「小松旧記」により小松の実態を主に見ていく。小松は金沢の南部に位置し、三代藩主利常が寛永十六年（一六三九）に隠居した際、隠居地としたことでも知られている。

万治二年（一六五九）には小松の酒肝煎《さけきもいり》に対し、「今後は酒値段を金沢に聞き合わせ、酒値段を一律にするように仰せつける」と命じられており、酒価格の金沢準拠体制が作られた。桶についても同様の事態となっていることが史料から分かり、一般に消費物資に関し、金沢基準体制がとられていたと考えられる。

また、木綿を代表として、領外より流入する物資については移入税である役銀が徴収されたが、その役銀は各地に置かれた問屋によって徴収された。小松の問屋は金沢の管轄下に置かれ、金沢に準拠して役銀が設定された。この様子は全藩的な動向と考えられ、経済政策の金沢中心体制が敷かれたことが分かる。

一方、物資の流れも金沢を中心とするようになる。典型的には知行米についてである。加賀藩では蔵米（藩主米）はこの時期に大坂市場へ送られるようになるが、一方、家臣たちの知行米は領内で売買される。この米市場は越中では高岡で、加賀・能登では金沢において立てられた。知行米売買の統制をしつつ、消費の旺盛な都市部に市場は立てられたわけである。諸物資が加賀藩で最大の消費市場に集中するのは当然のことであった。

再述になるが、江戸時代は初期から物資の運送は舟運が便利で、金沢の西方で犀川河口にあった宮腰が城下の外港とされた。元和年間（一六一五―二四）に城下から宮腰へ直線道路がつけられ、宮腰に上げられた領外や能登からの物資が、城下へ陸路運ばれる便宜が加えられた。

一方、浅野川を遡行して物資が運ばれた。金沢の浅野川河口に当たる堀川には船着き場があり、初期には遊郭もあったとされる。さらにより金沢の中心部に近いところで、浅野川寄りの尾張町近く袋町あたりでは元禄に市場札（市場を立てる許可証）があったとされるので、浅野川の物資運搬能力によってこの付近に物資が集まり市場が立ったのであろう。陸路では北国街道が整備され、城の西を囲むように街道が通された。このようにインフラが整備されるとともに、城下の経済活動も活発になっていったのである。

明和・安永期に加賀藩の農政官僚として活躍した高澤忠順が書いた「改作枢要記録」という史料がある。後年の史料となるが、十七世紀中頃に金沢や周辺の町場が発展したことを次のように書いている。

――万治・寛文以降も金沢城下は広大になって、武士や町人たちの風俗は繁華を極めるようになり、その風俗が郡方《こおりかた》にも移り、衣食など昔とは随分違って奢《おご》るようになっている。ただ町人たちがその身の程を越えて華美を極めているその割合に比べては、郡方はそれほどでもない。その理由は改作法で、農民の手前に米銭がそれほどないためのようだ。そんな農民のなかでも、世智に長《た》けて町方の様子を羨む者は、折を見て村を逃げ去り、小商いなどをして、ついには城下で家持ちになり、幸せな者は大商人になって衣食を華麗にして望みを叶える者もいる。そして富裕を望むのは自然な人情なので、郡方に住んでいる者も、とりわけ商売を好むようになり、耕作を疎《うと》み堕落する農民もいる。もとをただせば城下などが華麗であることにより、近郷はもちろん、能登・越中の遠所でも商いをすることで利得を得ることが多く、商売の盛んな世の中となっていった。

ここでは、城下の武士や町人たちが華美な生活をしており、農耕より商売のほうが利益を得ることが多いという当時の世情を述べている。注意してほしいのは、町方、城下で「家持ち」になることが一つのステータスであるという点、また、城下の華麗さを近郷はもちろん、能登・越中の領国内で支えているという点である。領国の商品流通の頂点に城下があり、城下では「家持ち」の商人たち、そのなかでも大商人が華麗さを誇っている、ということが読み取れる。

文中の「改作法」とは、当時の有名な農政のことで、藩の農政官僚や大経営農家が農作業を指導して農民の生産力を高め、そのうえで年貢を多く徴収しようとする政策であった。徴収された年貢は藩や武士の収入に繋がったのであるが、藩も家臣もその収入以上の支出をしていたのである。身の程を超えた贅沢は、町人のみならず、武士もそうであったということである。十七世紀後半には武士が町人から借金をすることも多く、福久屋はそのような武士と町人との調整役を藩から仰せ付かっている。

延宝四年(一六七六)十一月には、町方から奉行所へ願いが上げられた。藩の大身から末々の武士にまで、町中の商人・職人からの貸し銀や売り掛け銀が溜まって町人が困窮している、町人は京都より買い掛けしても年に二度は返済し、遅延すると利息も付く、侍衆は本銀(利息なしの買い物代)だけでも十数年払わない、どうにかしてほしい、と述べている。これに呼応するように、延宝五年から六年にかけて、福久屋は武士からの借銀や薬の売り掛け代銀を返済されている。売り掛け銀受け取りの宛先は、「拝借御奉行所」となっており、武士は藩に拝借銀をするかたちで、売り掛け銀を支払ってもらっている。売り掛け代銀の額は七匁から八十匁ほどで大した額ではないが、貸し銀では四百匁を返済してもらっている。

町人のみでなく、藩も家臣も身の程を過ぎた消費活動をしており、それが金沢の繁栄を支えていたのである。

こうして経済の金沢中心体制が進んでくると、金沢の商活動が一層活発になり、業種別の、例えば薬種屋などの経営が可能になってくるのである。

## 2——御用薬種業

前に述べたとおり、由緒書によると、福久屋は寛文九年（一六六九）九月に泉屋長助から薬種商売株を買って、薬種業を営むようになった。薬種業を始めてすぐに行ったのは、藩に所蔵されている優良な薬種の製造法を、庶民のためにと伝授してもらうことだった。藩の最上層家臣の年寄、奥村壱岐《いき》庸礼《やすひろ》を通じて、製法伝授と販売許可を願い出た。

福久屋の由緒書によると、奥村壱岐（奥村支家）の先祖で、奥村本家の初代であり、利家の代に武功高い人物だった奥村永福の晩年に、石黒家三代（福久屋の初代）の与右衛門が奥村家に出入りしていて、その後代々その関係が続いていたようである。石黒家は三代の与右衛門の時に町人になり魚問屋を始めたのであり、奥村家の出入りの魚屋であったのであろうか、ともかく、奥村家の懇意の町人となった。

その奥村壱岐へ福久屋が申し上げたのは、——万病円《まんびょうえん》・紫雪《しせつ》・烏犀円《うさいえん》は藩主の大切な薬で、家中の人々は必要な際に拝領なさっている。町方はじめ村方の末々の庶民は、大病になってもそれらの薬を入手することはできない。どうぞご慈悲をもって諸人のために、自分、福久屋にそれらの薬種の調合・販売を許可してほしい。

願いは叶い、藩主の医者である堀部養叔・養佐兄弟から伝授されることとなった。寛文十年正月にこの医者両人が福久屋自宅で調合を伝授し、その後には福久屋自身で調合し商売することとなった。

正徳六年（一七一六）、金沢の地元書物屋の三箇屋から『六用集』という城下便利帳が刊行されている。そこに、右に挙げた万病円・紫雪・烏犀円は福久屋・中屋《なかや》・宮竹屋で扱っている旨、記されている。中屋は福久屋と同じ寛文十年に、宮竹屋はちょっと遅れて延宝二年（一六七四）に、これら三薬の製法を伝授され、販売することを許可されたとする。三店の薬種屋はその他の店がこれらを販売することを許さず、三店の協同によって製造・販売を独占したのである。寛文とか延宝といった十七世紀後半、藩の秘薬を庶民に広めるということは、藩主の民衆への御恩という行為に当たるとされたであろう。この時期、こうした行為が民衆の人心掌握にとって必要であった。

当時の人々にとって、薬種は貴重な物、大切な物という感覚があったと考えられる。先の城下便利帳『六用集』にも、商店で取り上げられているのは薬種業のみであった。さらに、藩の秘薬を製造・販売している三店の薬種屋は特別な存在として当時の庶民に見られていたであろう。

元禄二年（一六八九）には富山藩主から金沢町奉行に対し、紫雪を富山で調合してほしい、紫雪を調合する薬種屋を招きたい旨、依頼があった。福久屋と中屋に町奉行から連絡があったが、双方からは、紫雪を調合する際には藩医の堀部氏が来て行い、自家で調合することはなく、したがって富山藩の御用にはお応えしがたい旨、返答がなされた。このときには、ともかく薬種屋を招きたい旨、再度依頼があり、福久屋が富山に出かけ、紫雪の献上はしたが、調合はできないと断っている。三薬は藩医が薬種屋に出向いて調合するというのは一種の方便で、寛文十年に調合を伝授されて以降は一子相伝として薬種屋で調合されていたであろう。

『金沢市史　通史編二』によれば、三薬や家伝の薬は、北前船に乗って東北・蝦夷へ、さらには江戸・大坂へも売り広められているが、このような事情は、江戸時代中期以降の話である。

当時の薬種屋では、上記三店も含めて、それ以外の店でも、それぞれ家伝の薬を持っている場合があった。中屋の混元丹《こんげんたん》（滋養強壮薬）は最近まで有名であった。福久屋でも、この三薬とは別に、出産時の特効薬とされる血友山田黒薬《けつゆうやまだこくやく》の製造・販売を特別に許可された。これは藩主のたいへん貴重な秘薬であり、長く奥村壱岐を通じて許可を求めていたが許されずにいた。しかし寛文十二年、後の八家《はっか》（加賀藩では家臣の筆頭は年寄と言われ、元禄三年以降は八つの家から出ることに決まったため、年寄八家と呼ばれるようになった）となる横山氏の分家で、当時若年寄であった横山志摩正房が藩主に進言してくれて、福久屋が一子相伝で製造・販売することを許可された。横山志摩家へも福久屋は長年出入りしていたという。

秘蔵の山田黒薬伝授を許可されたので、藩主の近くで産婦がある場合にはたびたび、事前に黒薬を二服あるいは三服ずつ堀部養叔《ようしゅく》・養碩《ようせき》父子に献上してきた。例えば、貞享四年（一六八七）には八家の一つ前田佐渡宅の産婦のために堀部養叔へ三服、元禄二年閏正月には江戸において養碩へ五分（一匁の半分）、同年二月には養叔からの手紙による要請で金谷屋敷広式（城中にあった藩主家族の住居の奥向き）へ二服などという具合であった。また同年三月、横山筑後（後、志摩）からの要請で黒薬十匁を献上、引き続いて産婦によいとされる石燕《せきえんし》雌雄《ゆう》と鶏冠雄黄瓜形《けいかんゆうおうりがた》を献上した。四月十二日に筑後の屋敷で若君が誕生すると、お祝いに大鯛二尾を献上し、また産後にも黒薬を献上したとされる。横山筑後は山田黒薬許可に貢献してくれたので、このように手厚い気遣いをしたものであろう。この後の元禄年間にもたびたび山田黒薬を献上したことが由緒書に記されている。

## 3――福久屋の奉公人たち

福久屋が寛文九年（一六六九）に薬種業を始めたことは先述したが、この年の十二月十四日付けで薬種業に関わる福久屋新右衛門宛ての「薬種見世奉公に付起《つき》請文」（三九）を見ることができる。

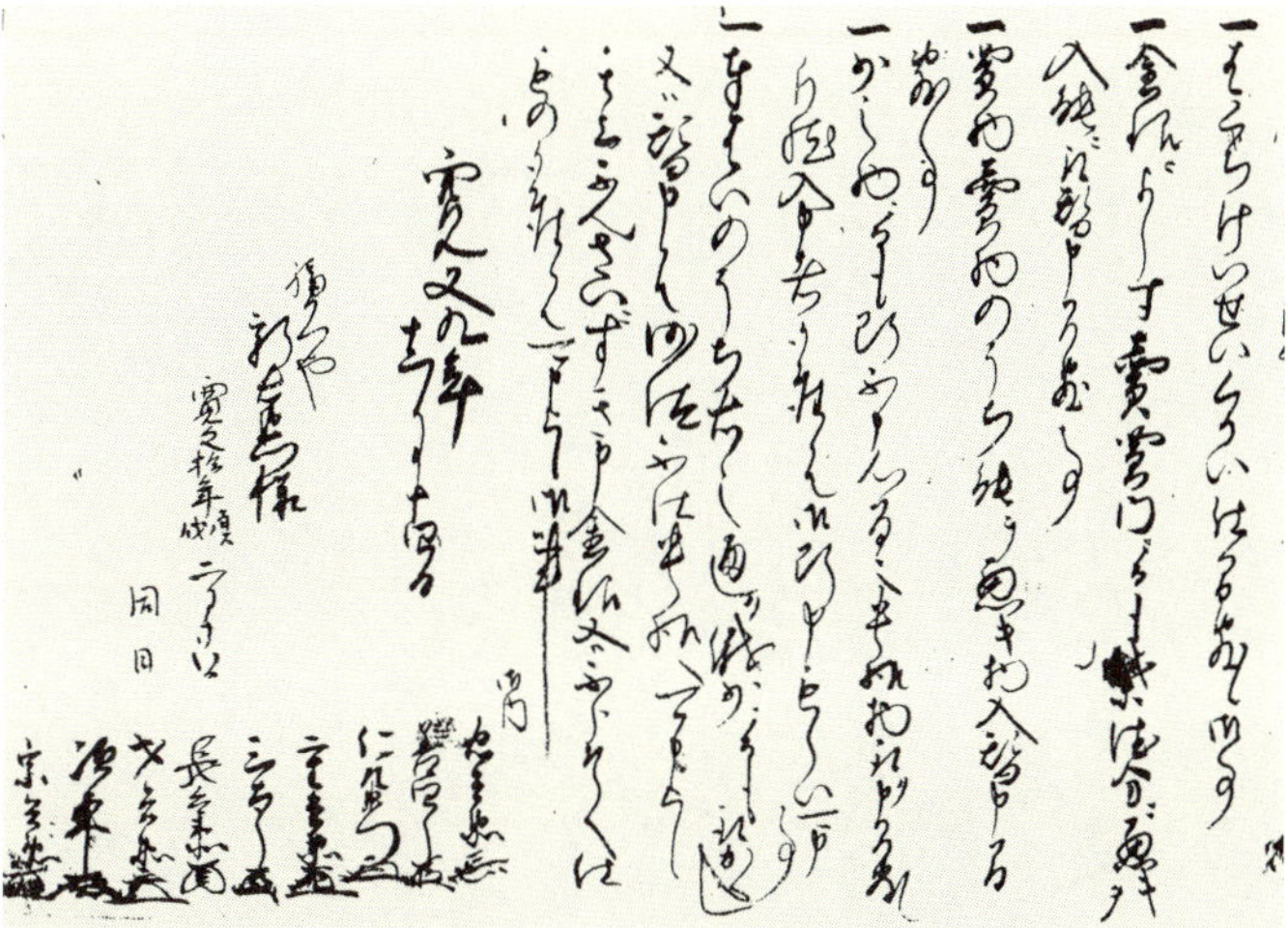

◉寛文９年の福久屋奉公人起請文

この起請文には奉公人九人が署名している。名前は忠兵衛・善四郎・仁左衛門・重兵衛・三太郎・長兵衛・才兵衛・次平・宗兵衛で、たぶん全員が住み込みである。すべて男性だが、当時の商人の家は店方（商売に当たる方）と奥方（生活に当たる方）で構成されており、店方はどの商売でもほぼ男性で占められる。奥方には下女・下男と言われる男女の奉公人の入ることが普通である。福久屋にも奥方の女性奉公人がいたことは後で紹介する。

寛文九年の起請文の文言は次のとおりである。

一、はくち《博打》・けいせい《傾城》・くかい《苦界》仕間敷《つかまつるまじく》候
御事

一、金銀ニよらす売買内ニ而も、我等徳分ニ
悪キヲ入《いれ》、能《よき》ニ取替《とりかえ》申間敷事

一、買物売物のうち能ヲ悪キ物入替申間敷事

一、少之物ニ而も断不申、心当之貴様物取り

申間敷候、自然入申者御座候者《ございそうろうは》、御断申もらい可申事

一、奉はい《（傍輩）》のうち右之通り俄少ニ而も取かくし又ハ替申候者、沙汰不仕、貴様へ可申上候、其上ふんさい《（分際）》ニすき申金銀、又ハふうそく《（風俗）》仕もの御座候者、可申上候御事

これらから、当時の奉公人のありようを具体的にイメージできる。博打や傾城などの女買いは一般町人もやっていたことで、一般的に金遣いが荒くなることなので、戒める傾向にあった。傾城たちの世界も苦界であるが、それとは別に湯女《ゆな》などの売春婦たちの世界を苦界と言ったのであろう。

金銀の善悪については後章でも述べるが、江戸時代初期には金沢を含め加賀藩内に多様な金銀貨が流通していた。この起請文の書かれた寛文九年には幕府の慶長金銀が加賀藩内で通用することとなったが、以前に流通していた品質の良い朱封銀《しゆふうぎん》（慶長銀より二％上位の銀。朱染紙で封包《ふうづつみ》されることが多く、朱封銀と呼ばれた。しかし封銀でない朱封銀品位の銀もあった）も依然流通しており、流通貨幣には品質の善悪があった。商売で奉公人が受け取る金銀が良質のものであれば、手持ちのより悪質な金銀にこっそり替える、ということが起きる可能性があった。と言っても、価格の高い金銀貨は奉公人ごときが持つようなものではない。彼らの所持するのは普通は銭である。しかし、取り替えを目的として意図的に悪質な金銀を所持しているということがあったのであろう。

商売品の取り替えについては、福久屋の場合では薬種であるが、これらを奉公人が取り替えるとしたら、これも意図的に交換用の薬種を用意したことになる。取り替えた良質な薬種はヤミで売る

のであろう。

主人の物をこっそり盗む、というようなことも、当時の論理としてありうることだったのである。自分の物は自分の物、他人の物も自分の物、という論理である。最後の箇条は、他の奉公人で右のような悪い所作をする者がいたら、主人に申し上げることとしており、奉公人が仲間内でつるむことがあったことを示している。

連署している奉公人の名前の下には一応花押《かおう》が書かれており、この時期では奉公人も花押を持っていたことが分かる。

翌寛文十年には、福久屋の薬種屋では「万病円」という毒も入った薬を調合して売ることになった。このため、これのみに関して同年六月十六日に奉公人の起請文が書かれている。ただし、万病円の調合に携わるのはほんの限られた奉公人のみであったと思われる。

一、今度御断申上万病円調合ニ付毒薬取あつかい仕候。万病円之外《ほか》少も毒之取あつかい仕間敷候御事。

この起請文では奉公人の、長次郎・次郎右衛門・善四郎・長兵衛・三太郎・次平・安兵衛・平兵衛・小平・七兵衛、以上十名である。前年の起請文と重なるのは、傍線を付けた四名だけである。

寛文十年から八年後の延宝六年（一六七八）には、より薬種店らしい奉公人起請文が出されている。その箇条は次のようである。

一、調合薬仕申節、悪物入申義並ニ能キ薬と悪キ薬と替申間敷候事
一、請合証文の面、諸事少茂相背間敷候事
一、他国ニ而商事ニ付而、私欲成儀毛頭仕申間敷候、並女狂又ハ博奕・大酒仕申儀仕間敷候事
一、悪キ銀所持仕候而、能キ銀ニ替申間敷候事
一、見世ニ而万売買ニ付而依怙贔屓《えこひいき》成事仕申間敷候、其上男女傍輩として猥成作法致し、物毎言合申間敷候事

奉公人が福久屋に奉公に出るときには、奉公人の保証人が「請合証文」を福久屋に出すのだが、そこには藩の掟に背くようなことはさせない云々、などと書かれていて、二箇条目はそのことを指している。三箇条目の他国商売については、福久屋では、薬種だけではなく、加賀藩内産物をも、奉公人を遣って越後や江戸で売り捌かせていた。手代一人が出かけたり、手代とその下の奉公人の二人で、ということもあった。ただし、主人の福久屋はついていけないので、奉公人独自の儲けもしようと思えばできることであった。

ここで連署している奉公人は、やはり花押を持つ、平兵衛・小兵衛・九兵衛・四郎兵衛・伊兵衛・忠兵衛・市郎兵衛・八・加兵衛・長吉の十人である。寛文九年に連署した奉公人とは全く異な

り、八年前の寛文十年とは平兵衛が重なるのみである。このあたり、奉公人の交替が早い。江戸時代初期には農村では中世からの大経営が残っていて、そこで働く奉公人は譜代奉公人と言った。代々その家で働く、生まれたときからの奉公人である。もちろん譜代でない奉公人もいたが、彼らは年季奉公人と言って、十年くらいの長期にわたる奉公人であった。農村奉公人はその後、だんだん年季が短くなり、短期奉公人に変わっていく。

福久屋で見る金沢という都市の奉公人は、それとは全く異なっている。短期にめまぐるしいと言っていいほど交替する奉公人たちであった。

何度も述べるように、彼ら奉公人たちもちゃんとした花押を持つ人たちだが、延宝六年より少し下った時期の奉公人では十二人のうち三人が簡単な記号のような花押（専門用語では略押《りゃくおう》と言う）になっている。奉公人は奉公人なりの分際を弁《わきま》える、というかたちが整ってくるのであろう。

福久屋の「留帳」からは、奉公人に関するいくつかの文書の写しを見つけることができる。

その一つは延宝元年（「留帳」には寛文十三年とある）の九月のもので、主計《かずえ》町の住人（たぶん借屋人）久兵衛を福久屋が雇うにあたって、彼の保証人の八幡道《はちまんどう》の住人である勘右衛門からの請合状《うけあい》である。その請合状には、

○久兵衛を短期間の奉公に雇ってもらうこと。
○雇った理由は福久屋がその手代の十太夫を商いで越後新潟へ遣わすのに付き添って行かせるた

めであること。
○給銀は二十二匁であること。
○新潟から金沢に戻る費用は久兵衛が賄《まかな》うこと。
○もし久兵衛が他国に留まるようなことがあれば必ず請人《うけにん》である自分が連れ戻す、戻ったら知らせる、この件に関して福久屋に迷惑をかけるようなことはしないこと。

が書かれている。先に示したように、福久屋は薬種業の他に領内産物を越後や江戸で売却する商いも行っており、そのときには臨時で奉公人を雇うことがあったのだ。

ただ、次のように手代と言われる奉公人が臨時雇いの場合もあった。

「留帳」にあった延宝初年頃の史料によると、――たね屋里右衛門の弟の六兵衛が福久屋の越後と江戸行き商売のために雇われた。給銀に当たる手間料は日当で払われるとあり、つまり日用《ひよう》（日雇い）なのである。その後、福久屋から町奉行宛てに六兵衛のための境《さかい》関所（加賀藩内越中にある越後への関所）の通行手形を申請している。そこには、福久屋の「手代六兵衛」が越後高田に商いに行くので通行手形がほしい、とある。手代というと商家で丁稚《でっち》を勤め上げてなれる奉公人の段階と思ってしまうが、この江戸前期の金沢ではそのような形式が成立していないようで、ここでは日用（日雇い）の手代が存在していたということになる。先に福久屋では奉公人の交替が早いと述べたが、そういう雇用状況と日々雇いの手代の存在は重なるものがある。

## 4――奉公人の宗旨人別

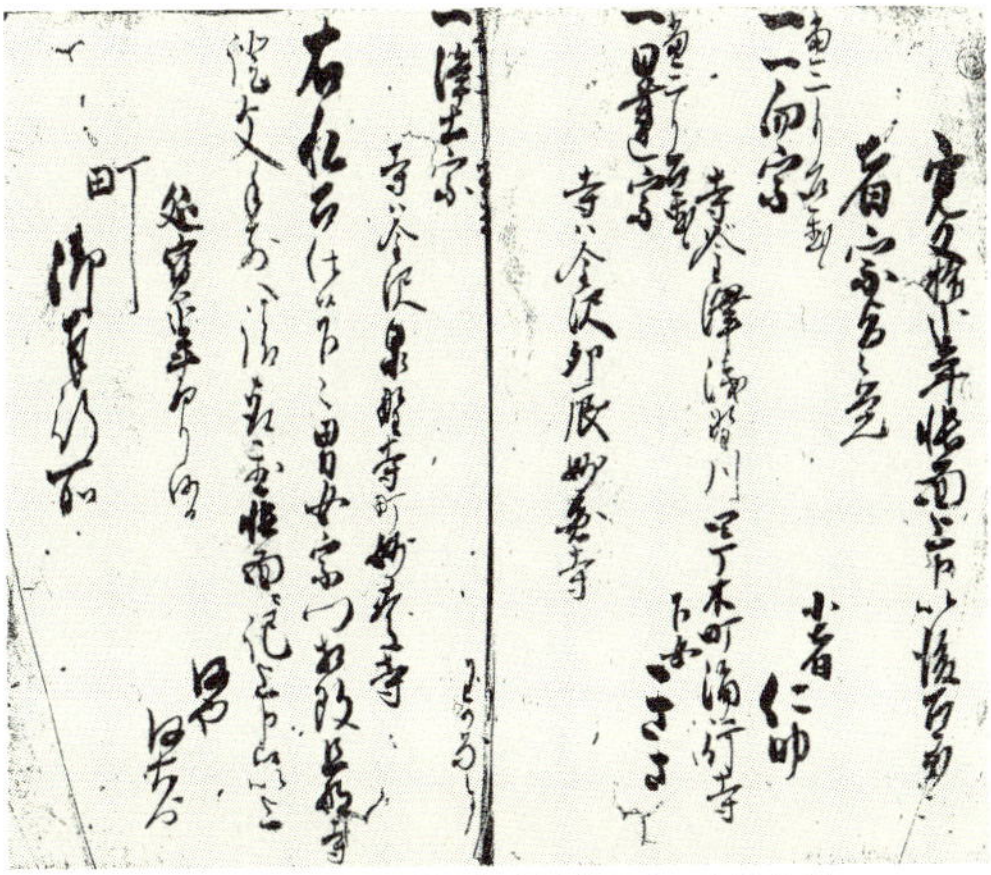
◉「留帳」に載る寛文・延宝期の福久屋奉公人の宗旨人別

金沢で庶民の宗旨人別がいつから始まったのか、今のところ知られていない。なかでも町人の宗旨人別帳は、どの時期のものについてもほとんど見つかっていなかった。加賀藩の農村については、江戸の初期にも、かたちは整っていないものの宗旨人別が見つかっている。武士については、寛文期に、武家奉公人も含めて宗旨人別帳を出すように法令が出されている。しかし町人の宗旨人別帳については知られるところがきわめて少なかった。

ところが福久屋の「留帳」には、寛文から延宝に移る時期に奉公人の宗旨人別が記されはじめているのである。

寛文拾弐年帳面上申以後召置候者宗旨之覚

当三月召置候

一、一向宗　　　小者 仁助

　寺ハ金沢浅野川四丁木町涌行寺

当三月召置候

一、日蓮宗　　　下女 きさ

　寺ハ金沢卯辰妙円寺

当三月召置候

一、浄土宗　　　下女 わかな

　寺ハ金沢泉野寺町妙慶寺

右、私召仕候下々男女宗門相改、旦那寺証文手前へ請取置、帳面ニ記上申候、以上。

この帳面は延宝二年（一六七四）四月に作成、町奉行に提出されたものであるらしい。この記述によれば、これ以前の寛文十二年（一六七二）に奉公人の宗旨人別を出したことが分かる。「留帳」にはこれ以降、毎年ではなく時々、福久屋奉公人の宗旨人別が記載されている。宗旨人別帳は毎年提出されていたので、「留帳」の記述はそれらをすべて写しているわけではないということだろう。そういうわけで、「留帳」から分かる範囲では寛文十二年に出されたのが最初であるが、それが金沢での最初であるかどうかは確かではない。ただ、同じ延宝二年に、奉公人の宗旨人別を書く際の書き方や注意事項を含む城下全体への達書《たっしがき》が「留帳」に記されており、どうもこのあたりが奉公人宗旨人別帳の始まりと見てよさそうである。

これに関連して、幕府は寛文五年に諸藩へ宗旨人別帳の作成を命じ、同十一年からは毎年の作成を命じたとされる。福久屋の「留帳」に記された右の奉公人宗旨人別は、この幕府命令に従った加賀藩の方針に基づいたものと判断できる。金沢の奉公人宗旨人別帳は通常毎年四月に出されたようだが、過去一年の間に雇い入れて、四月にまだ居続けている奉公人について宗旨を報告している。つまり、過去一年の間に、雇い入れて後に解雇（召し放し）した者について記載する必要はなかった。

前節で述べたように、福久屋では主に他国商売をする際に奉公人を臨時雇用していたが、彼らは宗旨人別に記載されることはなかった。

ところで、福久屋本人家族たちの宗旨人別は、「留帳」に記載されていない。他の記述から、福久屋は浄土真宗で檀那寺は常福寺であることが知られている。奉公人宗旨人別帳が、福久屋のような家持ちの宗旨人別帳より時期が早いことはないだろうから、金沢の家持ちたちの宗旨人別帳は寛文十二年より前にとりまとめられたはずであるが、その年記については未だ分からない。

奉公人宗旨人別帳の作成については、この福久屋の「留帳」に見えるように、奉公人を雇っている町人各家から、十人組組頭に出されて、それらがさらに町組織の上にある町肝煎に出され、町会所でまとめられ、町奉行に提出されることになる。どの段階で人別帳と言われるような帳面になる

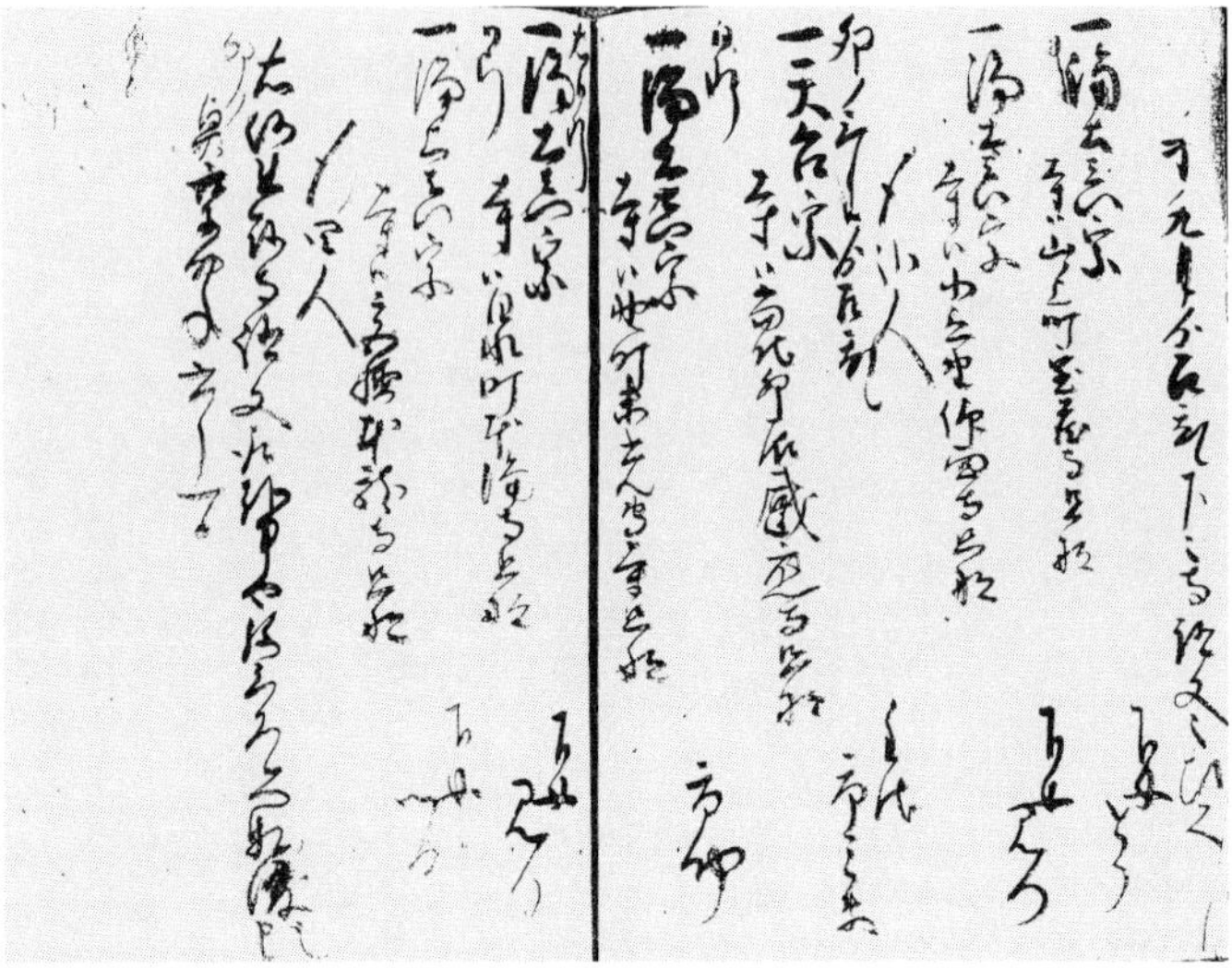

◉「留帳」に載る貞享４年の福久屋奉公人の宗旨人別

のかといえば、多分、町肝煎段階ではないかと思われる。十人組は金沢においては寛永十九年には成立していることが確かめられるので、この時期には十分にその機能を果たしていたであろう。

次に「留帳」に奉公人宗旨人別が記載されるのは、貞享元年（一六八四）、次いで貞享四年である。貞享四年四月二十九日には福久屋の奉公人を含めた家人の数が書き上げられているので、それと貞享四年六月一日の奉公人宗旨人別を組み合わせてみよう。

まずは家人の数であるが、全部で十九人で、そのうち六人は福久屋の家族で、四人が男、二人が女、残る十三人が奉公人（史料では「家来」）で九人が男で四人が女である。奉公人宗旨人別は、貞享三年春に提出して以降召し置いた奉公人について次のように書かれている。

寅（貞享三年）ノ九月ゟ召置候下々寺証文之ひかへ

一、浄土真宗　　　　　　　　　　　　下女　とら
　　寺ハ山ノ上町宝蔵寺旦那

一、浄土真宗　　　　　　　　　　　　下女　みつ
　　寺ハ小立野仰西寺旦那
　〆弐人

卯ノ三月ゟ召置候

一、天台宗　　　　　　　　　　　　　手代　市兵衛
　　寺ハ当地卯辰感応寺旦那

同断

一、浄土真宗　　　　　　　　　　　　市助
　　寺ハ野町末光専寺旦那

右同断

一、浄土真宗　　　　　　　　　　　　下女　みつ
　　寺ハ泉町本浄寺旦那

同断

一、浄土真宗
寺ハ宮腰本龍寺旦那　下女　つる
〆四人

右、何れ茂寺証文取、越中屋弥三右衛門殿へ相渡し申候。
卯ノ貞享四年六月一日

新規奉公人の檀那寺はほとんど金沢城下の寺であるが、下女つるの檀那寺の本龍寺がある宮腰は城下ではなく、金沢の外港である現在の金石である。寺証文というのは、例えば下女のとらの場合、宝蔵寺によってとらが自分の寺の旦那（檀家）であることを証明した文書であり、宗旨人別帳作成の際には各寺から寺請け証文を出してもらう必要があった。越中屋弥三右衛門は福久屋が属する十人組の組頭で、福久屋はこの報告書とともに奉公人から預かった寺証文も同時に提出したのである。寺証文に関して言えば、福久屋の記録からすると、当初は組頭への提出はしなくてよかったが、その後、提出が義務づけられているようである。

先の家人数書き上げと合わせれば、下女の四人は、ともに前年と当年に雇用した新人たちで、男の奉公人九人のうち二人が新人で、市兵衛のように最初から手代として雇用するのは、先に日雇いの手代がいたのと共通する雇用の仕方である。

実は、この翌年にも奉公人宗旨人別の記載がある。奉公人を雇い入れるのは九月と三月に決まっているらしいが、貞享四年の九月と同五年三月に雇い入れた奉公人の宗旨が出ている。ここでは下女四人と手代一人、下男一人が雇い入れられている。下女四人のうち、とらという名の下女が二人いるが、二人の檀那寺は異なっており、また前年に雇い入れたとらとも檀那寺は異なる。下男の名前は市助で、前年雇い入れた者と同名だが、檀那寺は異なっている。前年いたとらも市助もその後解雇されており、新たに雇い入れた奉公人に前任者と同じ名前を付けたのであった。この年の奉公人宗旨人別を見ていると、それだけではなく、貞享四年三月に雇った市助（檀那寺は浄土真宗の光専寺）を六月一日以降に解雇した後、同年の九月に下男の市助（檀那寺は日蓮宗の連覚寺）を雇い入れ、三月に別人の下男市助（檀那寺は浄土宗の玄門寺）を雇った、というような状況なのであった。そうした例は多かったようである。

短期また長期の雇い入れなどをして、福久屋は薬種商のみならずさまざまな商いを展開していた。その多角経営の一つは借屋など不動産を利用したものであり、また、前代とは違う意味での他国商売もあった。また、領内で藩との関係が大きな意味をもつ商いもあった。それらを「留帳」でさらに見ていこう。

# 第四章　福久屋の多角経営とその環境

## 1――借屋経営

借屋と言われるものは、城下の成立当初からあったと考えられるが、寛永二十年（一六四三）の町奉行からの触《ふれ》に次のように現れる（『金沢市史　資料編六』）。

一、他国商人当町《（金沢）》江罷越、余之売物商売仕体ニて、刀・脇指・茶湯之道具、其外唐物道具致売買、他国へ遣中者有之旨被召聞上《（ママ）》、重而被　仰渡候、拾人与として、裏屋・借屋共ニ堅致吟味可申事

寛永弐拾年十二月四日

長瀬五郎右衛門
富田　善左衛門

裏屋や借屋の住民については、貸している大家のみではなく、十人組として管理するように命じているのである。発展期の金沢では移入する人々も多い。彼らがすぐに家持ちになるとも思えず、町のはずれで農村部に接する相対請地《あいたいうけち》の家とか、町裏や路地に建てられた裏屋や借屋にまずは住むことになろう。相対請地とは城下周辺の農耕地で、町端に住もうとする武士や町人が農民と相対で借地をし、農民に年貢分の借地代を支払う土地のことである。

先に紹介した寛永年間の魚問屋の出入りでも、見世（店）を借りて魚屋を営んだり、魚の振り売りをしているような魚屋は元手もなく、その日暮らしであった。福久屋などの魚問屋の言い分では、そんな魚屋のなかには問屋に借金をしながら、家持ちになる者もいたという。

「改作枢要記録」という後年の著作については先述したが、そこには、十七世紀中頃、相対請地が急速に多くなったと言われているこの時期、「（金沢などの）町方の様子を羨む者は、折を見て村を逃げ去り、（町方で）小商いなどをして、ついには城下で家持ちとなり、幸せな（運が良い）者は大商人になって衣食を華麗にして望みを叶える者もいる」としていた。これなどは、小商いをしている時期には借屋に住んでいるということを意味している。

ここでは福久屋が借屋経営もしていたことを述べていこう。

先に、福久屋が薬種業を始める以前の寛文五年（一六六五）に、尾張町に家を求めたことは述べた。それ以前は今町に住んでいて、今町の家はそのままにして尾張町に家を求めたので、この時点で二軒の家持ちになったのである。このとき、四代の次郎右衛門はすでに承応三年（一六五四）には隠居して行祐と名乗っており、当主は五代の新右衛門であった。行祐は息子の新右衛門と同居していたが、今町の家の名義は行祐になっていた。

福久屋の借屋経営は、この行祐名義の今町の家を貸すことから始まったようだ。

延宝四年（一六七六）五月に、この今町の家を桜井亭庵という医者が借りた。家賃は一ヶ月に十三匁、月ごとの支払いであった。亭庵の宗旨は真言宗で檀那寺は小立野《こだつの》の宝幢寺《ほうどうじ》である。宗旨人別帳の作成が義務づけられてきたこの時期では、奉公に入るにも借屋をするにも、檀那寺を持っていて寺請け証文を出してもらえないと叶わないことであった。特定の寺の檀家になるという人々の要求は、まさに現実的なところからも起きていたのである。

また、借屋するときには必ず保証人を立てねばならない。亭庵の保証人に立ったのは、金沢では本町《ほんまち》クラスの材木町に住む若松屋茂右衛門であった。本町とは城下町成立当初からの街道に沿った町で、町役は基本的に人夫役（後に銀納化）である。地子町《じしまち》は住民の増加に伴い広がった町で町役は現銀。本町の格は高い。保証人の役目は、家賃の支払い保証をはじめ、亭庵が町触《まちぶれ》に違反しないよう、連帯責任者となることであった。

家賃の月に十三匁という値段についてはよく分からない。先ほどの、手代十太夫について新潟に商いに行く久兵衛は、戻りは自分賄いだが二十二匁の給銀をもらっていた。また、亭庵の借屋と同じ頃に、福久屋は京都まで行くのに駕籠と駕籠かき三人を手間料五十匁で雇い入れている。京都まで一週間くらいだとして、駕籠かき一人は一週間に十六匁くらいを受け取ることになる。そうすると、月に十三匁の家賃は決して安い値段ではない。今町の家の大きさも分からないし、家の裏にも借屋が設けられていたかもしれないから、福久屋が奉公人も入れて全員で住んでいた家はかなりの大きさであったろうことからすれば、家の一部分か借屋を貸したのであろうが、それでも結構な家賃だった。

貞享元年（一六八四）には大西勇碩（人物については未詳）が今町の福久屋屋敷の「借屋留守居」として、月に三匁で借屋している。

後に福久屋も置くことになる借屋の「家守」というのは一般的にあったものだ。家守はいわゆる家主（大家）の代役のようなもので、家主のいない借宅を管理しており、家主に代わって町役の役務を果たしたりする。町役の亭主番や夜廻りなどの役が廻ってくるから、町居住者のような地位になる。その代わり家賃はない。借屋の留守居とは聞かない言葉だが、「留守居」もその名のとおり家主の代役で、家主のいない借宅の管理に関わるのであろう。家賃を払っているから、あくまでも借屋人で、家守のような町の住人にはならない。

大西の保証人は新町の木屋勘助と御小人町《おこびとまち》の万屋源右衛門の二名である。新町は本町格で、御小人町は本町と地子町の間の格の町で「七ヶ所」と言われている。七ヶ所はもとは七つの町から成っていたが、元禄三年（一六九〇）の記録では十三ヶ町となっている。江戸時代は、住んでいる場所はその家の財産のようなものだから、階層的に言えば本町住民と地子町住民では大きな違いがある。

ともかく、この時期の借屋の保証人は格下の地子町住民ではなれなかったようである。借屋人はどうやって保証人のつてを得るのであろうか。それを語るものはないが、結果として上層格の町に住む住人は、借屋人を保証することで、町中の上下関係がさらに重層的になる。

大西の保証人について、「請人（保証人）の判本、組頭ぬし屋又兵衛・ばんと七兵衛見申候」とあって、福久屋は保証人それぞれの判について、十人組頭に何らかの方法で確認を取っている。単なる借屋人と違って、留守居ともなると保証人の身元確認が必要だったのだろう。

翌年の貞享二年にはさらに今町屋敷に借屋人を入れている。借り主は山崎屋次右衛門、家賃は八・三三匁で保証人は博労町《ばくろうまち》の朝日屋又兵衛である。博労町はこれもまた本町格である。福久屋の「留帳」は、当時のすべてが記載されているわけではないので、山崎屋の借りた時点で、留守居の大西はいたであろうが、亭庵がそのまま借宅していたかどうかは不明である。亭庵が居続けたとしたら、今町屋敷は少なくとも三家族（家族持ちか単身かは不明だが）が借りていたことになる。山崎屋が借屋したときの文書は福久屋新右衛門宛てになっており、今町の居宅は行祐から息子の新右衛門へ譲られていたことが分かる。

福久屋の借屋に関して注目されるのは、五代から六代への相続が行われた翌年に、六代の次郎右衛門が十間町に家を「名代」として購入し、そこを借屋として貸しはじめたことである。

貞享五年（一六八八）七月二十二日付けで見つかるのは、六代の次郎右衛門（後の新右衛門）が十間町の町肝煎と所属する十人組に対して出している遺言状である。そこには次郎右衛門が十間町の家屋敷を、越中放生津《ほうじょうづ》（現在の富山県新湊《しんみなと》市）の専念寺の「名代」として購入したこと、次郎右衛門に何か事故があったら、異議なく家屋敷を専念寺に渡すこと、としている。専念寺は浄土真宗のお寺で、このときまでに二百年の歴史を持つ、浄土真宗としては古いお寺である。

遺言状を十人組と町肝煎宛てに提出するのは通常のことで、町共同体は共同体員の相続に当たって悶着《もんちゃく》が起きるのを避けるためにそれぞれの遺言状を預かっているのである。ただ、城下以外の寺の名代として、福久屋が城下の町屋敷を購入するというのは、どういう背景と事情があるのであろう。遺言状と同じ日に、次郎右衛門を保証する請け合い状が材木町の田井屋五兵衛から十間町の十人組と町肝煎に出されており、これは町の住人になるときに必ず出されるものである。なおかつ、福久屋はこの十間町の屋敷を借屋に出している。

城下の町屋敷の所有関係が重層的になっているということであろう。福久屋が十間町の屋敷を購入したのは、専念寺のためであろう。城下以外の住人が城下に屋敷を買うことはできないので、専念寺は何らかの必要のために城下に町屋敷を所有したいと思い、何らかの縁がある福久屋にそれを依頼したと考えられる。福久屋の宗旨は浄土真宗であり、そのあたりの関係だろうか。

十間町の屋敷は借屋にしているが、まず家守として二口屋九兵衛を置いている。先ほど述べたように、家守は家主の代わりに居住するので、家賃は出さずに、本来は家主が納める町役銀を払ったり、その他の町役などを務めたりする。二口屋は小商売をしているらしく、十間町の表通り一間を見世として、月に一匁を家賃として福久屋に渡すことになっている。そのうえで、この十間町の屋敷のうちで六坪の部分を月に〇・六匁で貸しているが、これは間貸しのようなものだったと思われる。

先の遺言状が福久屋次郎右衛門の名前で出されているので、元禄十年（一六九七）に名前を新右衛門と書き替えたものを先の遺言状と差し替えており、少なくとも元禄十年まではまだ専念寺の名代として十間町の家を管理していたことが分かる。

福久屋が実際に住んでいるのは尾張町の屋敷であるが、そこにも借屋があった。貞享四年に五代の福久屋新右衛門は尾張町の組頭に「家人数の覚」を出しているが、そこでは「家内の人数」は十九人、「借家人数」二人（男一・女一）としている。家内の人数の内訳は、先述したように主人家族が六人、「家来」（奉公人）十三人である。借屋しているのは商人の山崎屋七右衛門で、女は山崎屋の妻か娘であろう。

以上のように、福久屋の借屋経営は今町と尾張町、それに名代ではあるが十間町の三ヶ所である。文書で見る限りは家賃収入がそれほど多いとは思えないが、当時の商人の多角経営の一端を知ることができる。

## 2――領内産品の他国商売と運輸環境

福久屋は薬種業を始める一方で、以前行っていたのとは違うかたちで他国商いを行っていた。簡単に言えば、領内で産出する米、塩、八講布《はっこうふ》などを越後や江戸に売っているのである。八講布は麻布で、江戸初期には既に、越中の加賀国寄りの八講田《はっこうでん》村や五郎丸《ごろうまる》村を中心に特産として生産されていたものである。

塩に関して言えば、「留帳」の延宝三年（一六七五）三月に記述があり、能登の出来塩千俵を藩から代銀六貫二百匁で購入している。なぜ藩から購入したかと言えば、寛永期以降、加賀藩では能登の塩を専売制にしていたのである。つまり能登の生産塩を年貢のかたちと購入のかたちで藩がすべて入手し、領国内で必要な塩は藩から売り出すことにしていた。延宝三年の場合、領内消費を上回る塩に関して、商人にそれを売り出したのである。福久屋は、藩専売の塩なので加賀藩領内では売らないことを誓ったうえで購入し、出羽国酒田に積み廻すことにしていた。

この塩商いのためであろう、福久屋は延宝三年頃、自分の手代二人を能登七尾浦から出羽国酒田へ船で遣わしたいとして、便船切手の発行を依頼している。この手代らは五月中に帰ってくることになっているが、帰ったら手代らに人を添え町会所へ遣わすことと決まっている。この手続きは領民が他国へ流出するのを防ぐためである。実はこの手代のうちの一人は日用で雇った者である。

延宝四年四月に福久屋は町奉行に対し、便船切手の発行を願い出ている。福久屋は手代の徳左衛門を越中の伏木浦《ふしきうら》から船に乗せ、越後の今町に到着させたいので、便船切手を出してほしい、と伏木浦奉行に願い出ている。徳左衛門は江戸行きの荷物と一緒に船に乗るのであるが、来月中にも帰ってくる予定だという。このときの荷物は八講布一駄、つまり個数三で百八十疋である。越後今町から江戸までの運送は清水屋持兵衛という人物が請け負い、駄賃八十匁で江戸の枡屋七左衛門に届け、そこで手代の徳左衛門に渡すという。

延宝二年六月の雛形《ひながた》文書（雛形とも略す）によれば、青苧を仕入れ、売却している。青苧一駄に小判一両替え（一駄の値段が一両）としている。これは領内産品ではなく、過去の他国商いの名残であろう。なお、雛形文書とは、実際に発給された文書ではなく、仮の見本のように書かれた文書である。福久屋の「留帳」には時々出てくるが、数字や氏名がはっきり書かれていて、ほぼ実際の文書の写しと見てよいものが多い。この青苧文書もそういう部類の文書である。

このような他国商いのために、福久屋は奉公人を他国へ遣わしていた。史料にはその証跡が散見される。

寛文十三年（一六七三）九月には、手代と日用を一緒に越後新潟へ遣わしている。延宝初年には、福久屋の手代六兵衛が用事で越後高田経由で江戸に出かけている。両者とも、どんな商いかは分からないが、商用であることは間違いなかろう。これも雛形だが、延宝初年に手代一人と小者一人が越後新潟に行くとして越中境の関所切手の発行を願い出ている。延宝五年六月には手代登兵衛を江戸に商いに遣わしたいとして、同じく越中境の関所切手発行を願い出ている。

こうした他国商売では、薬種も含めて、この時代、荷物を運ぶ主要な手段は舟運である。そのため、荷物を船で運ぶ商人にとっては、安定して船運送ができることが必要になってくる。次の件では福久屋がどの程度関わっているのか分からないが、具体的な舟運に関することなので、少し詳しく見ておこう。

延宝八年十月、加賀の商売衆と敦賀の船頭頭《せんどうがしら》との間で、綿・木綿や茶の海上運送について運賃の取り決めと船道具の取り決めが行われた。畿内から大津、大津から琵琶湖舟運と陸路で敦賀に運ばれた畿内の産物を、本吉（現在の白山市美川町）と宮腰へ舟運で運ぶ際の規定である。運ばれる物資は、綿・木綿・古手（古着、江戸時代では畿内から全国に移出された有名な産物）・茶ほか「何にても」二十五駄積みと書かれている。福久屋の「留帳」にこれが記載されているのは、畿内からの薬種が物資に含まれていたためと考えられる。

宮腰までの運賃定めでは、四月から七月までが二十五駄積みで百二十五匁で最も安く、三月・八月は百五十匁、二月・九月・十月は百七十五匁となっている。冬季の十一月から一月は船を出していない。この他に三十駄積みの船が四艘あり、運賃は二十五駄積みに準ずるとしている。

船道具として、今までは揃えていなかったが、金碇（金属の碇）一丁・まものの細物浜引一定（詳細未詳）などを積んでおく、としている。これは舟運を安定的に行うためのものと考えられ、荷主の加賀の商売衆が難船を避けるために用具の積み込みを要求した結果であろう。また荷物は依怙贔《えこひい》屓《き》なく正直に積むことが求められ、船が悪かったり船道具が不揃いなのは問題外とされている。

　このときには、加賀の商売衆の代表として米屋又右衛門と菓子屋五兵衛が敦賀におもむき、まず船持ちを差配する敦賀の奉行の山岡彦兵衛と浜野五兵衛に船仲間への要望と運賃定めを求める件を申し入れ、奉行から船頭頭衆へ、そこから船仲間へと要望と運賃定めが申し送られ、かくして船仲間である立石屋弥兵衛ほか二十五名連判の証文が、加賀商売衆の代表に渡されたのである。

　これは畿内からの下り物を扱う加賀の商売衆にとって大きな出来事であり、成果であった。これまでも数人がまとまって下り物を運送させていたこともあろうが、今回は大がかりに船の装備にまでも言及して、舟運の安定化を図ったのである。

　これに類した大規模な例が江戸の十組問屋である。上方からの下り荷物を扱う異業種の問屋が集まって、特に海難事故の適正な処理を求めて菱垣《ひがき》廻船などの廻船問屋と契約を結んだのである。時期は元禄年間で、加賀商売衆の取り組みはそれに先んじているが、各地で似たような取り組みが行われていたものと考えられる。

　西廻り航路の発展が一方でありつつも、このように敦賀を経由する下り物運送が存続し、木綿や茶のような軽い商品については、陸路も含む敦賀経由が選ばれていたのである。

## 3——米売買

「留帳」の諸種の記事から、福久屋は米売買を行っていたことも分かる。米の領外移出の禁止や解禁に関する記事も見えるので、買い米を他領へ移出していたのかもしれない。が、ここで言う米売買とは、基本的には藩の給人（知行地を持つ家臣）から給人米を買い取って、領内における高値を待って売却したり、切手のままで転売する商売である。給人米とは家臣の知行地からの年貢のことで、つまり家臣の給料米である。給人米は領内各地の蔵宿《くらやど》というところに納められる。家臣たちは自分たちの飯米を引いた残りを売却して現銀収入とする。と言っても手もとの米を売るというのではなく、給人米切手というかたちで売る。例えば五石と書かれた給人米切手を売り、購入した者がその切手を当該の蔵宿に持っていけば、米五石を受け取ることができる。福久屋は延宝三年（一六七五）頃には越中新川《にいかわ》の蔵宿にある給人米百石（一石値段五十五匁余）ほどを転売して、一石につき利ざや一匁四分を稼いでいると考えられる。いわゆる給人米の仲買である。延宝三年四月には、横山右近の給人米で羽咋《はくい》郡大嶋村（現志賀町大島）の勘左衛門蔵（蔵宿）にある前年収納米の百石余りを新町清水屋助左衛門が買い取り、富来港（現志賀町富来）に積み廻すことに関わっている。福久屋が蔵宿と買い人清水屋の売買の仲介（仲買）を行っているのではないだろうか。

また延宝四年頃に、「米切手質物ニ入置銀子借用申覚」と題する雛形が残っている。米切手を担保に町人に貸し銀をしているようだ。雛形では、蔵宿にある「何百石」の米切手で、貸し銀高は「何貫匁」、利息は月に一・四％（年利にすると一六・八％）、期限は来年何月末で元利とも返済し米切手を請け出す、もし米値段が下値になった場合は不足分を補う、もし蔵宿が火事になり米が焼失したときには借り主の損とする、としている。給人米切手が町人の間で転売されたり、担保として利用されたりしていることを示している。

延宝五年五月には菊地十六郎ら三人の公事場奉行（訴訟を扱う役所の奉行）が町奉行に次のような触《ふれ》を出すよう要請している。家中給人米で、急に売り払われたものや、安価であったり不審であるようなものは買ってはならない、ただし町人商い米や百姓売り米は除外する、との触である。困窮する武士が藩の意向とは別に給人米切手を売却する様子が分かる。つまり給人米切手に関して藩のコントロールが利《き》いていないのである。

このように米切手の発行を給人の自由にしておくと、給人がまだ収納される前の米を当てにして米切手を発行したりするなど、野放図になる恐れがあったし、米切手により米を買った者が、米を売り惜しんで米価を値上げさせるような事態を防ぐ必要もあった。米の売り惜しみについては、藩は「とかく米買い共蟠《わだかま》り」と表現しており、藩がそのような米買い人を強く嫌っていたことが分かる。そのため、延宝九年四月には、それまで野放図になっていた米仲買人を藩の指名する商人に限ることにより、米切手の流通を統制しようとした。商人が米切手を購入するのは米仲買を通じてしかできないようにしたのである。

延宝九年四月に次のような触が出され、それぞれの十人組から請判《うけはん》を取るようにという命令が、城下町人に周知された。

一、今年の収納米に関わる切手（給人米切手）は、八月以前に売買することは禁止する。

一、今度、新町在住の八田屋八兵衛ら八人が米仲買に決まった。この八人以外は誰も米仲買してはいけない。もし違背した者がいたら、八人の米仲買から報告せよ。米仲買は以前から命じているように、米を買い置きしてはならず、口銭を取ることだけをせよ。

一、他国他領の者に頼まれて名代として米切手を売買してはならない。

一、自分の経済力に不相応に米を買う者がいたら、十人組として調べすぐに申し出よ。もし隠しておき事後にもめ事が起きたら十人組中を処罰する。

一、不慥《ふたし》かな給人米売買を取り次いで度々訴訟が起きている。今後は注意して不慥かな給人米を取り次ぐことがないように。

一、この八人の米仲買人が申し合わせて不正なことをしないように。

一、今度請判をしなかった十九人の者たちは米商売も米仲買も一切してはいけない。

これと同日付けで藩で財務を管轄する算用場から出された通達も十人組にまで周知された。それによると、町人が買った米を留め置いて高値を待って売る「占め売り」をしていると聞こえている、以前から禁止のことなので町人は買った米は三十日以内に売り払うように、先日、売らずに買い置いている米高を町人に書き出させたが、不審な点がある、ともかく米買いの者たちは蟠っていると見える、と述べられている。

給人米または給人米切手に関わるものとしては三者の立場がある。一つは給人、つまり家臣の立場、一つは家臣を統括する藩の立場、そして給人米を購入する町人の立場である。給人、つまり家臣は困窮すると、八月以降収納されるであろうがまだ収納されていない年貢米（給人米）を当てにして給人米切手を発行することがある。藩は給人にそれを禁じる一方で、町人にもそれを買ってはいけない、と注意する。給人は米切手を担保に借金することがあるが、この場合は大概、収納以前の年貢米を当てにした切手なのである。

藩は給人の経済力に注視する一方、違法な米切手の乱発を抑えねばならない。資本力のある町人は、給人米切手を購入し、または担保に取り、米を買い占めて高値を待って売却しようとする。それは一般町人の困ることであり、藩も認めるわけにいかない。ただ、米が高値になること自体は、一般町人は困るが給人にとっては好ましい状況で、家臣の経済状況を案ずる藩にとっても大切である。米値段の高騰に対して、藩と一般民衆とは同じ立場ではないのである。

従来、このとき、つまり延宝九年四月の時点で米仲買人二十七名が決められた、として知られてきた。しかし「留帳」で見る限りそうではない。「留帳」によると、このとき藩は二十七名の商人に米仲買とするべく請判を取ろうとした。が、判を押したのは新町八田屋八兵衛ら八名のみで、他の十九名の者たちは請判をしなかった。そこで藩は彼らに米仲買としての米商売を禁じた。請判をしなかった十九名のなかに福久屋が入っていたのかどうかは分からない。ただ、「留帳」にはこの関連の記述が多く、その可能性もかなりある、とは言えるだろう。福久屋がこれ以前から米の売買に携わっていたことも、その可能性を強めるだろう。

米仲買八名を公表すると同時に、藩は、今度決まった八人の米仲買以外の米仲買を禁じ、米仲買には米を買い置きすることを禁じて口銭を取るだけの存在とした。その他、米仲買のみでなく、一般の人々に対しても、他国他領の者の名代になっての米売買は禁じ、分限不相応に米を買うことは十人組中として監視し、不確かな給人の米切手の扱いを禁ずることとした。

請判をしなかった十九人に対しては、米仲買をすることはもちろん、米売買もしてはならない、と一種の怒りを込めて命じている。これまで米仲買を実際にしていた十九人は、口銭を取るだけの米仲買に甘んじることを拒んだのであろう。町人と藩の駆け引きのありようをうかがうことができる。藩として強引に全員に請判させることで、米仲買が仲買を拒み、かえって給人米切手の売買が滞ることを恐れたのであろうか。

ともかく、ここでは、福久屋が給人米売買に関わっていたこと、給人米切手を担保にした貸し銀を行っていた可能性が高いことを押さえておこう。

## 4――福久屋の社会・文化人脈

当時の商人が商売の他にどのような活動をしていたか、福久屋の「留帳」を見ていると、交際や活動の広さが見えてくる。

奥村支家との深い繋がりについては、薬種商いに関連して既に触れておいた。まずはそこから見ていこう。

加賀藩では家老を勤める家筋がだんだんと固定化されていくが、そのなかに奥村本家と奥村支家とがあった。奥村家は武功で名高い永福を始祖とし、その後本家と分家（支家）に分かれている。福久屋は三代与右衛門の時から奥村家に出入りしていたと言われ、その後は支家との関係を深めた。藩の秘薬を伝授してもらうに当たっても、奥村支家の口入れが契機になっていた。

その密接な関係の一端は、福久屋からの付け届けの頻繁さ、それに伴う書状のやりとりからうかがわれる。「留帳」で早くに記される書状を例示すれば、

一筆致啓上候。時分柄暑気ニ御座候。因州様・兵部様益《ますます》御機嫌能被為成《ならせられ》御座候由承、乍恐《おそれながら》目出度奉存候。ここ元御屋敷おたん様初、御一門様曾《かつて》御別条無御座《ござなく》候間、可被御心易《おこころやすかるべく》候。次ニ因州様江小麦粉一箱指上申候間、御序之刻《おついでのとき》御前江御披露奉頼候。猶期後音之時候。

卯ノ六月　日
山下弥右衛門様
米多　左助　様
桜井清右衛門様

卯は延宝三年（一六七五）、因州は因幡で支家二代当主の庸礼《やすひろ》であり、兵部は庸礼の息子で貞享四年（一六八七）に三代になる悳輝《やすてる》、参勤の藩主綱紀に付いて両者とも在江戸である。宛先の山下らは庸礼の家臣で、この書状が出る前に、江戸から庸礼と悳輝が元気である旨、福久屋五代新右衛門へ書状を寄こしている。新右衛門はこれに応えて、金沢城下の奥村支家のおたん様（未詳、兵部の娘か）をはじめ一門皆様はお元気であること、そして、庸礼に小麦粉一箱を贈るので、ついでの折に庸礼に披露してほしい、と書き送っている。

延宝年間に入ると、「留帳」には福久屋新右衛門から奥村支家の家中に宛てた、右のような支家の当主へのご機嫌伺いの書状写しが多く残るようになり、延宝・天和期や元禄期にも悳輝から新右衛門に宛てた折紙（書状の形式の一つで、武家の丁重なまたは形式的な書状に用いられた）が数多く残されている（五二）。もちろん、秘薬を掌中にできたのも、奥村支家の取りなしがあったからなので、寛文末年にも盛んにご機嫌伺いなどをしていたはずで、「留帳」には、たまたまその時期のものが記載されなかったのであろう。

次に木下順庵との交際を見ておこう。順庵は一六二一―九八年を生きた江戸時代前期の儒者である。藤原惺窩《せいか》の高弟松永尺五《せきご》の門下で奇才を認められた、と事典などにはある。主に朱子学を講じたが、教育者として抜群で、木門五先生（室鳩巣・新井白石ら五人）や木門十哲（先の五先生に加え南部南山ら十人）を世に送った。自身が加賀藩五代綱紀に招かれると、師松永尺五の遺児永三《えいぞう》を推挙して自らも加賀藩に仕え、居宅の京都と金沢・江戸を往来した。

延宝初年、福久屋五代新右衛門から、そのときは金沢に滞在していた木下順庵に宛てて書状が出されている。順庵が在金沢のときには、福久屋は時折順庵を訪ねているようで、ここでは先般訪れて以来無沙汰をしていることと、南部鮑《あわび》一箱を進上する旨を伝えている。

この木下順庵や奥村支家との福久屋の密接なつながりを、次に延宝九年（九月に改元して天和元年となる）の一年を事例に見てみよう。

延宝九年に京都の地下官人の平田内匠大允《たくみたいじょう》が、綱紀から禄二百俵を受けるようになるが、この際も奥村支家と福久屋が関わっている。「留帳」にはこれに関連して二通の書状が写されている。一通は三月二十九日付けの、新右衛門から木下順庵宛て、もう一通は四月付けの新右衛門から平田内匠に宛てたものである。それらから次のような事情が分かる。

そもそも平田内匠が在京しながら加賀藩五代綱紀から扶持《ふち》を受けるようになったのは、京都の木下順庵の仲介によるものであった。奥村支家の二代壱岐（庸礼）と三代兵部（悳輝）は儒教を学び親しんでいた人たちであり、木下順庵とも懇意であった。木下順庵が奥村支家を介するなどして綱紀に平田内匠を紹介し、平田が金沢に滞在したときには新右衛門が接待したのである。

金沢滞在中に平田が加賀藩の禄を受けることに決定、三月末には平田は京都に戻った。平田は金沢滞在中に仲介に立ってくれた木下順庵に首尾良く扶持を受けられることになったと申し送ったので、福久屋へも木下順庵から礼状が届いたのである。四月に入ると、三月末に京都に戻った平田から新右衛門のもとへ飛脚が送られ、礼状が届くと同時に、奥村壱岐への礼状とお礼の鮎鮓《あゆずし》が新右衛門へことづけられた。それに対し、新右衛門は平田に奥村壱岐が最前よりの痛みも今はよくなり、鷹狩《たかがり》もしていることを伝えると同時に、壱岐からの礼状を飛脚に託した。また、この飛脚は、藩主へのお礼を依頼する年寄宛ての平田の書状も持参していた。それは奏者番《そうじゃばん》の不破彦三に届けられるべきもので、飛脚を不破彦三屋敷へ案内したのは福久屋の奉公人であった。

新右衛門は、金沢滞在中の平田内匠に対し、刀の進上を申し出たようだ。平田宛ての新右衛門書状では、約束の刀は随分念入りに注文したので、まだ出来上がっていないが、出来上がり次第進上する旨、伝えている。さらに、何か御用があれば仰せ付けられたいと書き送っている。

武士と異なって、この場合のように、儒者や公家が扶持をもらうなどの場合、武士に代わって福久屋のような富裕な町人が、その接待を受け持っている。武士階級の一角を町人たちが支えている構図が見えてくる。奥村支家から見ると、このような富裕な町人と交流していることで、多様な恩恵も受けることができるのである。

その後、まず同じ四月に、奥村壱岐の息子兵部が参勤交代の藩主の御供で江戸に無事到着、十一日には藩主とともに兵部がめでたく将軍にお目見えとなっている。新右衛門は、兵部の家中（三浦と中嶋）に宛てて、無事到着とお目見えのお祝いを兵部に伝えてほしい旨、書状を出している。そのなかで、金沢にいる壱岐が「御快然」（全くご健康）だとも伝えてほしい、としている。

六月になると、新右衛門は江戸滞在の兵部家中三人（五十子《いかご》・三浦・中嶋）に宛てて、兵部へのご機嫌伺いの書状を、献上の「吉崎ドジョウ三本」とともに送っている。そこでも、金沢の父の壱岐が「御勇健」（至ってご健康）の旨を兵部に伝えてほしい旨、記している。

六月二十日には新右衛門は兵部の家中（米田）に宛てて、藩の年寄である横山大膳が同月十六日に死去して悲しみに堪《た》えぬこと、江戸の兵部についでの折にそれを伝えてほしい、と書いている。実は壱岐の奥方が横山大膳の娘で、兵部にしてみれば母方の祖父が死去したことになる。福久屋は奥村支家との関係もあってか、藩の上層家臣の動静によく通じていたことが分かる。なお、横山大膳の娘は寛文期（一六六一―七三）に既に死去している。

八月、新右衛門から兵部の家中（米田）に宛てて、奥村支家（お屋敷）から福久屋に便りがあり、江戸の兵部がご機嫌良くお勤めとのことであり、何よりめでたいこと、金沢のお屋敷では壱岐も別状なく元気なことを伝えてほしい旨、書き送っている。金沢のお屋敷からの便りと言っても、壱岐の家中からの便りであろうが、これらの福久屋の奥村支家への便りも決して一方的ではなく、お屋敷からも福久屋に連絡がある、相互の関係であったことが分かる。

改暦して天和元年となった九月、奥村壱岐は能登七尾《ななお》に湯治《とうじ》で滞在中であった。福久屋は壱岐へ二種の献上品を送ったところ、家臣から礼状をもらったが、礼状の袖（右端）には壱岐直筆の言葉が添えられていた。家臣の書状は、壱岐が気持ちよく湯治をしていること、福久屋の倅次郎右衛門《せがれ》が壱岐らに連れ添って七尾に滞在しているようで、次郎右衛門が元気である旨も伝えられてきた。それに対し、新右衛門は恐悦至極と返信している。

十一月二十二日には新右衛門から江戸の兵部家中（米田）へ、兵部の奥様がご安産で、殊に男子出生でまことにめでたい、ついでの折に兵部によろしく伝えてほしい旨、書状が送られた。出生の男子は鍋太郎と名づけられて、後に兵部の跡を継ぐことになる。

十二月五日には、金沢のお屋敷から便りがあり、その便りを受けて、兵部へ寒気の折のご機嫌伺いの書状を新右衛門から江戸の兵部家中（五十子・三浦・中嶋）に出している。金沢のお屋敷で壱岐がご勇健のこと、伝言を依頼している。

この年のように書状のやりとりが逐一分かるのは例外的であるが、「留帳」への記述はなくとも、このような頻繁な交流が例年行われていたと見てよいであろう。

当時、加賀藩では藩主綱紀の文化活動が始まっていたが、儒教や漢詩に関しては奥村支家の当主、二代庸礼と三代悳輝が力を注いでいた。奥村支家と非常に懇意で度々書状のやりとりや贈答を行っていた福久屋は、福久屋自身の経済力をバックに、学者との関係を作っていったのであろう。そうしたなかで福久屋自身がどれほど学問に身を入れていたかは分かっていない。

一方、福久屋の檀那寺は浄土真宗の常福寺であったが、当時の人々は他宗でもつきあいをすることが多かった。天和三年（一六八三）五月二十一日に、新右衛門は高野山の平等院に宛てて、亡くなった自分の両親と娘のために日牌《にっぱい》・月牌《げっぱい》料を送っている。この記録によると、新右衛門の母親は承応三年（一六五四）十二月に亡くなって法名は釈尼妙誉であり、以前に月牌でお願いしていたが、これからは日牌にしてほしいと頼み、父親は延宝九年八月死去で法名は釈行祐であり、日牌を依頼、娘の死去は天和二年正月で法名は釈尼妙祐、月牌を頼んでいることが分かる。前年の娘の死去と合わせて、改めて法要を依頼したものと考えられる。

このときは、良盛坊という僧侶が金沢から高野山に向かうことになっており、良盛坊にことづけて故人三人分の日牌・月牌料として一歩金十七切れ（金四両一歩）を平等院へ送っている。

遡って、延宝六年の秋に新右衛門は高野山まで出かけている。翌年の二月になってようやく、高野山の北室院院主と、平等院の快盛坊宛てに高野山参詣の際の馳走について礼状を出している。それによれば、北室院院主や快盛坊は金沢出身で、院主には金沢の「御老母様」や「一類中様方」は息災であることを伝え、快盛坊へは「いはん様」はじめ「御一門様方」が皆さん無事であるのでご安心くださいと伝えている。長く礼状を出さなかったことを詫びながら、院主には福久屋調合薬の金《きん》安神丸《あんじんがん》を香合に入れて一香合（香を入れる香合に薬を入れたのであろう）、快盛坊へはやはり調合の龍丹《りゅうたん》一香合を送っている。

金沢出身で高野山などに入る知人もいるということだ。北室院の院主になるからにはそれなりの資産家の出身で、福久屋と繫がりがあるのであろう。ちなみにこの五代の新右衛門は宗教心が深くて諸寺諸山へ寄付・奉納することが多かったことは先述したとおりである。自宅にも阿弥陀仏木像を安置しており、それは以後も代々受け継がれたとされる。

福久屋が高野山での日牌などを依頼したのと同じ天和三年の七月晦日《みそか》には、新右衛門の息子で相続前の次郎右衛門から、江戸の奥村支家の家臣である三浦源七らに、奥村壱岐・兵部へのご機嫌伺いと用事の書状が出されている。新右衛門は七月二十五日に能登に所用で出かけ、ついでに浦々の温泉で湯治をするとのことで、留守の間の連絡は息子の次郎右衛門に頼んでいったのである。この年の四月に綱紀は参勤交代で江戸に上り、翌年の四月に帰国している。奥村壱岐は御供をしてこのときには在江戸、息子の兵部は前回御供をしていて、記録では金沢にいることになっているが、たまたま兵部も在江戸であるようだ。

これは、加賀藩の儒者小瀬《おぜ》順理が江戸へ行くついでにことづけられた書状である。後述するように、この時期、加賀五代藩主綱紀は書物収集・学問に熱心であり、小瀬順理も書目編纂のために加賀藩に呼ばれていたのである。小瀬順理は、『太閤記』や『信長記』を書いた江戸初期の有名な儒者小瀬甫庵《ほあん》を先祖にもち、順理自身も儒者であった。この小瀬と福久屋の関係も、奥村支家を通じて作られたのであろうか。

次郎右衛門の書状は、金沢の茂松様（兵部の嫡子の幼名と考えられる）はご健康であると伝えた上で、新右衛門が兵部に申し上げていた尻懸脇差《しりかけわきざし》一腰、啓書記《けいしょき》掛け物一幅をこんど順理に持っていってもらうので、進上を取り次いでほしいとある。さらに、兵部のご機嫌の良い時に本阿弥《ほんあみ》絵所《えどころ》を見聞してもらって、ほしい物を決めてもらうよう、とりなしを願っている。

尻懸脇差というのは大和五座の尻懸派が製作した脇差のこと、啓書記掛け物は、室町時代の水墨画家の啓書記（別称は祥啓）の掛け軸を指している。新右衛門がどのような経緯でこれらを入手したのかは分からないが、いわゆる名品で、懇意にしてもらっている奥村支家への付け届けである。本阿弥絵所についてはよく分からない。絵所は朝廷や幕府直属の絵画制作所を指す。本阿弥派は戦国時代以来の有名な芸術家集団だが、それらの作品を集めた、または創作場所である絵所が、江戸にあったのであろうか。そこへ兵部を連れて行って、ほしい作品を選んでもらい、それを福久屋が兵部に贈ろうということであろう。

この時期は後述するように、加賀藩主も文化的貢献を盛んに行っていた。加賀藩全体として文化的雰囲気は濃厚であったろう。それにしても中世来の名品について福久屋も通暁し、贈答に使うほどになっていたのである。本阿弥派の絵所で好きな名品を選ばせる財力を福久屋は持っていたと考えてよい。

ただ、このような貴重な品々を贈るのは頻繁ではないようで、普通の音信では、江戸の壱岐・兵部へ、越後新潟の鮭の塩引き一尺、松前の鮭塩引き一尾、松前島干し鱈二本四身、能登中居寒《なかいかん》海鼠腸《このわた》一器、能登串海鼠《くちこ》などが新右衛門から贈られている。

また、六代新右衛門のとき、前々より家に秘蔵伝来の、烏丸光広《からすまみつひろ》卿真筆という足利義詮『難波紀行』一巻について、烏丸家当代の烏丸光栄《みつひで》の御覧に入れ、添翰《そえかん》（本物と証明する書付）をもらうことを希望した。加賀藩士山本源右衛門のつてで柳原資堯《すけあき》侍従を介して当時の烏丸光栄より「真筆疑いなし」の添翰を得て柳原に渡り、庭田重条《しげえだ》大納言が江戸へ下るついでに持参、江戸で山本源右衛門に渡し、重宝すべき旨の仰せがあった。このことが加賀藩五代藩主綱紀《つなのり》の耳に届き、加賀藩の御文庫にある品と校合され、重宝すべき旨御意を得ている。福久屋のまた別の人間関係をうかがわせる。

## 5——藩主綱紀期の文化事情

五代藩主前田綱紀は藩制を整備すると同時に、藩の財力を傾注して加賀藩を文化の高い藩として確立した。ここでは簡略にその事情を述べておこう。

綱紀は、四代藩主光高と、水戸藩主徳川頼房の娘で将軍家光の養女となった大姫との間に生まれた。光高自身、三代藩主利常と将軍秀忠の娘の珠姫（天徳院）の間に生まれた長男で、長く江戸で育ち、寛永十六年（一六三九）閏十月に藩主として初めて金沢城に入っている（同年六月に襲封）。光高は江戸で儒学に傾倒し、子供の綱紀が三歳の時に若くして死去したが、その意向は確かに受け継がれることになった。

三歳で襲封した綱紀は、祖父の利常が後見することとなった。利常は特に、寛永八年に幕府から謀反の嫌疑を受けて以降、文化的事業に熱意を注ぐこととなった。利常は多くの名工を加賀藩に招いて社寺の建築を進め、また茶の湯を加賀藩に定着させている。利常の庇護のもとで綱紀は文化的事業の影響を受けた。

綱紀は、後見の利常が死去する万治元年、十六歳で将軍家光の弟である保科正之の娘と結婚、利常は綱紀の後見を、保科正之に託している。江戸幕府との強い繋がりのもと、寛文元年（一六六一）に金沢城に入り、綱紀が本格的に加賀藩政を取り仕切ることになる。

綱紀は享保八年（一七二三）、八十二歳で死去するまで長きにわたって加賀藩主として生き、その能力もあいまって名君として名を残すことになった。藩制の確立を行う一方、その文化的事業は有名である。ここでいくつかを『金沢市史 通史編二』などから紹介しよう。

まず、儒学を中心とする学術的貢献。綱紀は将軍綱吉の講義に加わり、自らも中庸・大学・論語などを講じ、幕府の儒官林一族と深交し、木下順庵・室鳩巣・五十川剛伯らに禄を与えている。稲《いの》生若水《うじやくすい》を招いて『庶物類纂』三百六十余巻を作成させ、幕府に献上した。

次いで文書・典籍など図書の収集である。書物奉行を全国に派遣して、朝廷・幕府・公卿・大名や古社寺・諸名家・蔵書家などから収集したり、書写したりした。その蔵書を尊経閣蔵書とも言ったが、時の新井白石が閲覧に来て、「加州は天下の書府なり」と言ったとされる。蔵書の閲覧を機会に、典籍を整理・補修したこともあり、その一つ、東寺百合《ひやくごう》文書は東寺の古文書を整理し、百の木箱に収蔵したものである。

一方、藩の細工所を充実させて種々の工芸品を自藩で作ったが、その見本として工芸品を収集し、

「百工比照《ひゃっこうひしょう》」と称するコレクションとした。それは現在でも江戸時代の工芸技術研究に欠くことができない、と言われている。

自らも研究し、書物執筆もした綱紀は、これらの収集・編纂を体系づけていったとされている。

このような加賀藩の文化的状況を背景にして、城下の裕福な町人の一人、福久屋もまた文化的人物との交流を持ち、文化的資産にも触れて、当時の加賀藩の文化を支えもしたのである。

# 第五章　銀座福久屋

宝永六年（一七〇九）三月に福久屋六代新右衛門が金屋彦四郎に代わって銀座役に就任した。以後、享保四年（一七一九）二月まで福久屋は銀座役に在任する。城下での銀座役は町人としては町年寄に次ぐ公職である。冒頭で述べたように、新右衛門は就任時から享保二年十一月まで三冊の詳細な「銀座覚書」を残している。そこには金沢の銀座の役割と組織、加賀藩内の銀座の立場、銀座役人（銀座役・銀見《ぎんみ》・御土蔵《おどぞう》手代・銀座手代・両替師）の相互関係、貨幣改鋳と城下の動きなど、さまざまな様相が書き込まれている。そこでこの後はそれらを紹介していくことにしよう。

## 1——銀座役とは

そもそも銀座と言えば江戸幕府とされ、江戸や京都にしか銀座はないと思われがちである。しかし、金沢にも銀座はあった。

『加賀貨幣録』などによると、秀吉の天下の時代、徳川家康と前田利家により、秀吉配下の著名な金工家の後藤一門から一人ずつを拝領したいと願い出がなされた。関東の家康には後藤庄三郎が、加賀へは後藤用助が下されたという。後藤庄三郎は、家康のもとで活躍し、金座を差配するなどした。

加賀に下った後藤用助は、矢田主計と言われる者と一緒になって天正十九年（一五九一）より銀座を任せられたという。この当時、加賀あたりの地域では灰吹銀《はいふきぎん》が流通していた。灰吹銀とは銀山から産出された銀鉱石を灰吹き技法（炉の下部に灰を詰め、その上に銀鉱石を載せ加熱して鉱石中の鉛を灰に吸わせて製錬する方法）で銀の純度を高めたもので、品質は一様ではなかった。この事情は、まだ幕府の慶長金銀が一般に流通していない期間の全国的に共通する状況であった。この時期の加賀藩では、藩の金庫に収蔵する銀は、品質の高い花降《はなふりぎん》銀と決まっていた。花が降るような光沢のある高品質な銀貨幣である。後藤用助らの主な役目は、越中と加賀、特に越中で多く産出される銀から花降銀を作ることであった。理由は分からないが、後藤・矢田の銀座が花降銀の品質を落としたことから、両人は吟味を受けて三年の牢舎となった。両人はその後赦免されて犀川の橋番人になったとされる。

一方、銀座の役割は、金沢町人の浅野屋次郎兵衛に命ぜられ、その吹座《ふきざ》として後藤才次が付けられた。元和五年（一六一九）のこととされる。その後、やはり金沢町人の金屋彦四郎も銀座に命じられ、吹座は次右衛門が務めた。金沢町人が銀貨の鋳造に当たったわけではなく、鋳造は吹座の職人が担ったのであるが、吹座は銀座の支配下に置かれた。元和五年頃に金沢町人が銀座を仰せ付けられたのは、藩内、特に金沢城下の一般流通貨幣の品質を一定させようとする意図があったためと考えられる。貨幣の流通は職人より町人（商人）のほうが熟知していたからであろう。

元和五年に先立つ慶長九年（一六〇四）には二代藩主前田利長の藩内への命令で、商売の銀には「ちぢみ銀」を使用し、灰吹銀を使用する場合には、そのときの相場に従って「歩《ぶ》を入れて」取引すること、とされた。「ちぢみ」は「縮」で、取り締まられた、ないしは定められたという意味になり、品質の定まった銀使用を命じているということである。ただし、品質の定まった銀はそれほど広まっておらず、品位の低い灰吹銀の使用も多かったのである。したがって、そのときの灰吹銀の相場によって、量を加えて（歩を入れる）「ちぢみ銀」品位にするように命じているのである。この当時に既に一般流通銀貨幣を藩内で統一しようという意図が現れており、それが相場を熟知している町人（商人）に銀座を命じることにつながったと見てよい。

加賀藩では寛永十年（一六三三）に一定品位の極印銀《ごくいんぎん》（銀座の印が押してある）で商売を行うように命じられる。一定品位の極印銀使用が広まったことが分かる。このときの銀座の役目は、①金銀吹座、②金銀封包《ふうづつみ》、③両替、の三つが主要なものとされている。この当時、金の扱いはそれほど多くなかったはずで、主に銀貨幣を扱っていた。銀の吹座は領内に入ってくる灰吹銀を買い入れて極印銀に吹き直すこと、封包は低品位の銀も含めて一定量目（例えば百匁）の極印銀品位に封で包むこと（封印には銀座が証明印を押す）、両替は金と銀の両替である。この三つのうち①の金銀吹座を除いて、他の二つは、後の銀座にも主な役目として受け継がれる。

ところで、ここで説明しておかねばならないのは初期領国貨幣というものである。これまで藩内で通用する極印銀の話をしてきた。これが加賀藩の領国貨幣である。

江戸幕府が全国流通貨幣として慶長金銀を発行した。現代人の感覚からすると、その頃から全国で慶長金銀が流通したのであろう、となる。が、実際には慶長金銀が全国で流通するようになるには、それから百年余りが必要であった。それ以前に全国の金銀山から金銀が近世初頭にかけて産出され、いろいろな貨幣となって、慶長金銀に先行して全国で流通していた。慶長金銀の生産が全国の流通額に応じるのにも時間がかかるが、先行して流通している金銀を駆逐するにも時間がかかるわけである。

慶長金銀が全国的な貨幣になる以前に、多くの藩で領国貨幣が鋳造された。慶長金銀より良質なものもあれば、低品質のものもあった。加賀藩では領国金貨幣も作られたがわずかで、ほとんど領国銀貨幣が鋳造された。極印銀とそれに次いで鋳造された慶長銀より二％良質の朱封銀と称されるものである。領国貨幣が鋳造された理由は、支配領域で統一された貨幣が使用されることの利便性である。幕府の慶長金銀の流通は徐々に広がったが、それは流通の拠点であった京都を中心とした畿内から広がったと見てよかろう。東日本の一部を除く全国各地では、江戸との流通関係は少なかったが、京都を中心とした畿内との取引は多かったのである。加賀藩では領国貨幣の鋳造が徐々に少なくなり、寛文九年（一六六九）に領国貨幣の使用を停止し、慶長金銀の使用に変更した。ただし、金沢では銀座はそのまま存続し、封包や両替を主な仕事とするようになった。

なお、全国各藩には銀座はなかったが、加賀藩の銀座と類似の仕事は、各藩権力と結んだ両替商などがその役割を担った。

万治三年（一六六〇）の「銀座勤め方」（「銀座一件」。銀座などに関し、諸家蔵の文書を写したもの）によれば、領内に五ヶ所の銀座の支店である天秤座があり、それは小松・今石動《いまいするぎ》・七尾《ななお》・宇出津《うしゅつ》・魚津《うおづ》である。そこには金沢銀座差配下の手代が一人ずつ派遣されていて、小松天秤座・今石動天秤座などと呼ばれていた。彼らの給銀は六百匁ずつ、銀座本人は三貫匁ずつが手当とされている。これらの給銀は銀座の封賃（金銀の封包の際に取る手数料）などの収入から支出されたが、不足する場合は藩から支給されることになっていた。また銀座で封包をした場合など、封賃帳を付けるのだが、この際には座役に当たった者は各々誓紙を書くことになっているのである。

この誓紙は後ほど紹介するが、注意したいのは、銀座での諸費用の収入と支出にそれぞれ証文を取らないことで、これについては銀座に一任されているのである。最終的に諸費用は銀座の入金から差し引かれて、残銀を藩に上納し、おおかたを信用に任せているので、そのために誓紙を書かせることになっているのである。

## 2――銀座役任命

福久屋新右衛門が宝永六年（一七〇九）三月に銀座に任命された当時の記録は、きわめて具体的である。なお、これ以降は全体にわたって福久屋新右衛門の「銀座覚書」を主な出典としている。

――三月二十三日に町肝煎清兵衛が福久屋に来て伝達したのは、町年寄の紙屋庄三郎が町奉行に呼ばれて、新右衛門に御用があるので、翌二十四日に町会所に来るように、ということであった。翌日五ツ（八時頃）前に裏付袴に羽織を着用して町会所へ出頭、四ツ半（十一時頃）過ぎに町年寄衆詰め所へ行き、町奉行所配下の町同心の御用番渡部甚左衛門に呼ばれ、清兵衛同道で部屋に入ると、甚左衛門から、今度金屋彦四郎に代わって新右衛門が銀座役を勤めるように町奉行から仰せがあったと述べ、差し支えがないか尋ねる。それはない、と申し上げると、甚左衛門はその旨を町会所へ来ている町奉行に伝えた。さらに、以前からのもう一人の銀座役である相役《あいやく》の浅野屋次郎兵衛と一緒に、町会所の上の段手前で平伏、町奉行の小塚八右衛門から直々《じきじき》に、銀座役を仰せ付けられる。町奉行の言い分では、他に銀座役の適任がいたが、新右衛門は親の代から町年寄も勤めていたことを評価した、相役と相談して手落ちのないよう勤務するように、とのことであった。

再度、今度は麻の裃《かみしも》に改めて、町奉行にお礼の面会、小塚八右衛門からは、銀座役は重き役柄、

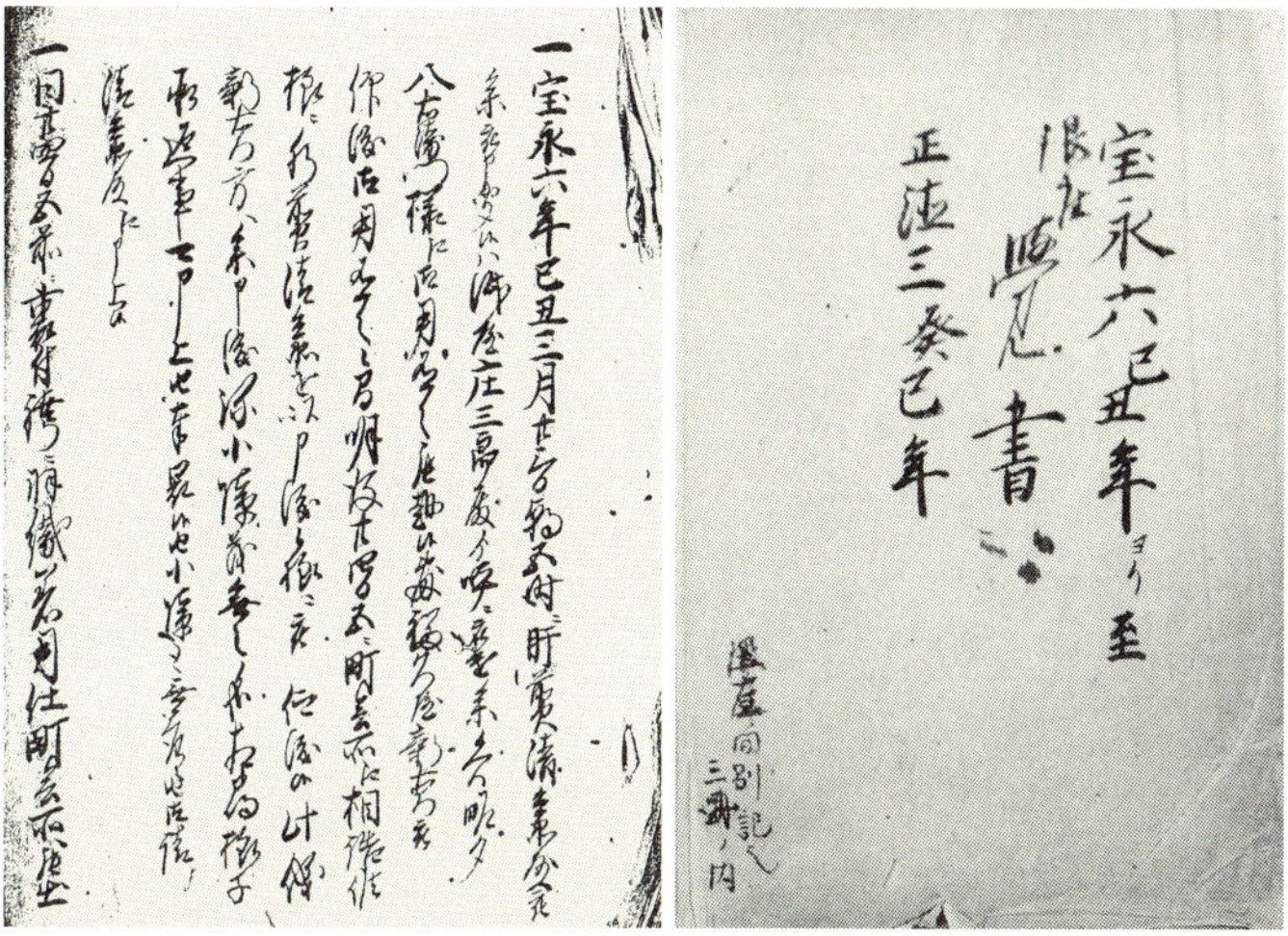

◉宝永６年よりの「銀座覚書」 表紙と冒頭

おごることなく役儀を念入りに勤めるよう、今申し付けても悪事があれば明日にも差し替え人事をする、と申し渡される。町奉行前より退き、町同心・町年寄にお礼を申し上げ帰る。それから浅野屋同道で、もう一人の町奉行前田兵右衛門も含めて、両町奉行宅へお礼に参上、その後、町同心衆、町年寄三人にもお礼に廻った。

明後日は藩の年寄衆詰め所の越後屋敷において、横目（諸士の行動を監察し不正を摘発する役）衆の前で新右衛門が誓紙に署名、その日のうちに、町会所でも誓紙に署名し、その後に、藩の年寄衆へお礼に廻る、ということになった。

二十六日に精進《しょうじん》（行為・飲食などを制限）して待つところへ、小塚八右衛門付きの足軽衆の田中喜兵衛が越後屋敷横目衆への紙面を持参、同道して、通常は藩の年寄衆が詰める越後屋敷へ赴く。式台板の間で待っていると、呼ばれ、式台を登ると、右手に横目二名が着座しており、敷居の外でお礼、部屋の中に横に長い箱の蓋が置かれ、その上に誓紙が載せられ、脇に硯箱が置いてある。横目の別所善左衛門が新右衛門に部屋の中に入って誓紙に署名するように言う。それで敷居の外で脇差と扇を取り置き、中に入って誓紙を戴き、誓紙前書きをとくと一度声に出して読み、最後に、相役の浅野屋の次に今日の年月日と自分の名前が記されているので、花押を書き、小指を元結いで巻き、持参した釘でついて血判をした。これら前後の所作を指導したのは押足軽《おしあしがる》（足軽の一種で本来は殿様が騎乗・下馬する際、馬の口を押さえる役人）だそうで、誓紙判形がすむと、足軽によって横目衆が誓紙を確認、そのときに別所善左衛門が言うには、誓紙前書きをとくと覚えておくように、そのために前書きを写したければ写すようにと促される。自分で写せばよいが老人だから（このときに新右衛門は五十一歳）足軽に代わりに写すよう促す。待っていると、もう一人の横目葭田《よしだ》貞右衛門から写しを渡され、同時に越後屋敷で誓紙を首尾良くすませたと町奉行に報告するようにと告げられる。畏れ入り奉る由申し上げ、退く。

その後、田中喜兵衛（足軽）が町奉行への返書を調え、喜兵衛同道で御坂まで来て、その後は新右衛門がすぐに町会所へ行く。浅野屋次郎兵衛の指図で、町会所の式台より上がり、町年寄詰め所の下にいて、町同心・町年寄衆へ越後屋敷での首尾を報告、それはよかったとの仰せである。次いで、中敷居の前に机が置かれ、町年寄奈良屋武兵衛が誓紙を机の上に置く。町同心が誓紙に署名をするよう言う。町会所の誓紙では前書きのところに花押、後書きの「牛黄《ごおう》」（牛王宝印）のところに血判をした。

町会所での誓紙前書きは越後屋敷での誓紙と同文であった。そこへ次郎兵衛が来て、誓紙はしまわれ、次郎兵衛同道で両所の誓紙を首尾良く終えたことを両町奉行に報告、その時に、町奉行に年寄衆へお礼を申し上げるべきか尋ねると、勝手次第にするようにとのことであったので、その日のうちに年寄衆九ヶ所へ残らずお礼に廻り帰ってきた。

以上が、銀座就任時の手続きであるが、このように、銀座役の者がその就任に当たって藩の上層部での誓紙血判に及ぶのは、先述したが、その役目が、藩の公金を扱ったり、城内で勤務をしたり、銀座で封包《ふうづつみ》などを行って手数料を取り、諸経費を引いた残りを藩に上納するにもかかわらず、封付（封包）帳などの他はいちいち書類を残さず、計算書を一年単位で提出するだけで済ます、という銀座役への信用を保証するためである。

次に紹介するのは万治三年（一六六〇）六月十二日の三銀座の誓紙の内容である（「銀座一件」）。宛名の二名は町奉行である。

霊社上巻起証文前書之事

一、私どもニ銀座被　仰付候、如　御定入用銀致算用被下銀引候而、年々余銀少も不残上可申事

一、金銀位相違無御座様ニ随分念を入相改可申事

一、御公儀御隠密かましき義沙汰仕間舗《さたつかまつるまじき》事

一、御公儀江上銀急申由断ニ候者、随分遅々不仕様ニ可申付事

一、銀座諸賃銀並留糟銀、其外万入用之買物少も私曲仕間舗事

一、自然似符銀座へ於致持参者、縦親子兄弟縁者親類知音たりといふとも不隠置、急度可申上
候

附似銀致持参候ハヽ、相改打つふし可申候、若不審成者御座候ハヽ、急度可申上候事

一、銀座入用之物共、料紙墨筆ニ至迄少も粗末ニ不罷成様ニ可申付候事

一、金銀諸払、其外何ニ不寄御後くらき義仕間敷御事

一、下代共髄成者致吟味召抱可申候、御土蔵金銀並上り銀等私ども義ハ不及申上、下代共至迄
沙汰不仕候様ニ急度可申付候事

右之条々於相背者、左ニ申降所之神罰冥罰各可罷蒙者也、仍起請文如件

万治三年六月十二日

銀座　彦四郎
同　武兵衛
同　孫兵衛

長屋七郎右衛門殿
里見七左衛門　殿

まず冒頭にあるのは銀座の総勘定である。封包や灰吹銀の改鋳（このときにはまだ朱封銀が銀座で作られていた）などから上がる収入、そこから銀座役と銀座手代の給銀や筆墨などの必要経費を差し引いた残銀はすべて上納する、ということである。それに関連して諸賃銀や入用の買い物に私曲を交えないようにとある。

また、銀座が召し抱える銀座手代どもに確かな者を選ぶべしとある。この当時は御土蔵手代・銀見などは決まっていない時期なので、御土蔵金銀の封包などは銀座が自分の銀座手代を使って行っていたのである。さらに、銀座や手代どもに御土蔵への上り銀などの情報を外に洩らさないようにすべきだとしている。そして、偽封・偽銀の取り締まりを厳重にする、ということは当時としては重要な点であった。

この際の誓紙は、藩の年寄の寄合所と町奉行に提出、算用場にも写しを提出している。これらの手順は福久屋新右衛門が銀座役に就いたときと同様である。

## 3――銀座の仕事

福久屋新右衛門が宝永六年（一七〇九）に銀座役を勤めはじめたときの銀座の体制は次のようであった。

銀座役が二名、その差配下に銀見九名と銀座手代各座四名、御土蔵手代六名がいた。また両替師も各座に七、八名ほどおり、両替は銀座でのみしなければならないとされたから、一応、銀座の差配下にあったと言えよう。

ここに元禄八年（一六九五）二月の銀座役の定書《さだめがき》がある。定書にある順に銀座の仕事を概観してみよう（四五）。

一、銀座の最も大きな仕事は金銀の品位を改めて封包することであり、この手数料が最大の収入である。丁銀《ちょうぎん》（なまこ形の銀塊でほぼ四十三匁を目安に作られている）の場合は白紙で封をして糊付けし、百匁単位で封包する（丁銀に少額の豆板銀を加える。豆板銀は小玉銀・小粒銀とも言われた）。封賃（封包したときの銀座が取る手数料）は、小判一両の封包で銭十二文、二両から五十両までは二十四文など。丁銀百匁は十二文で、包み直しの封賃は六文とする。封賃の銭が溜まると、時々の相場で（銀銭相場）で銀に両替する。銀座の収入はこの封賃がほとんどで、封賃のなかから、銀座役一人に三貫匁が与えられる。この三貫匁のなかに銀座手代や小者の給銀が含まれ、それ以外の銀座諸費用（筆・墨・紙代など）も封賃のなかから出し、残る銀を藩に納入する。収支決算は翌年の春になって算用場奉行のもとで行われ町奉行にも報告する。

一、領内五ヶ所（小松・所口《ところのくち》・宇出津・今石動・魚津——元禄十年に高岡が加わって六ヶ所になる。所口は現在の七尾。したがって福久屋が銀座役のときには六ヶ所）の天秤座（銀座支店）へは銀見を派遣し、封包を行う。金沢に残る銀見三人を含めて、八人の銀見にはそれぞれの封賃のなかから六百匁を支払う。封賃で足りない場合は、金沢の銀座の封賃のなかから出す。

一、偽封の発見。偽封があったら出所を確かめ、町奉行に報告する。

一、京都との為替《かわせ》を取り扱う。銀百匁について「歩間《ぶま》」○・五匁のうち、○・四匁は為替人（為替を希望した人）が取り、○・一匁は銀座役が取る。

一、御土蔵（城内の金銀土蔵）で勤務する手代九人（手代六人・銀見三人）の差配をする。

一、藩からの両替御用は銀座を通じて、両替師によって両替する。両替師は銀座へ出て両替商売をする。

一、銀座勘定は入れ払い証文（収入・支出に関わる証文）がないなどの理由から銀座役は就任時に誓紙を書く。手代や銀見ももちろん誓紙を書かねばならない。

以上の条目の他に迷うことがあったら、町奉行の指図を受けて処理すること。

この文書は藩の年寄六人から銀座三人（当時。福久屋新右衛門の就任時は二人）に宛てたもので、銀座は藩の重要な仕事をすると同時に、最後の言葉にあるように、町奉行の支配も受けていたのである。銀座役は金沢の裕福な町人に命じられるのであり、金沢町人である限りで町奉行支配下にある。

さて、延宝元年（一六七三）の「銀座勤め方」（「銀座一件」）に、銀座の日常のことが書かれている。銀座の休日は、正月の一日から五日・七日・十五日・二十日、三月三日、四月一日・二日、五月

五日、六月一日、七月七日・十四日・十五日・十六日、八月一日、九月九日、以上である。

銀座の銀見は三人いて、毎日一人ずつ両銀座（このときには浅野屋次郎兵衛と武蔵庄兵衛の二名）に勤務に出る。彼らに支障が出た場合には、非番の銀見が代役になる。

銀座手代は一座に四人、両座で八人になる。誓紙は銀座に入れる。四人はそれぞれの役目が決まっていて、①天秤前役、②封包役、③上書役、④印判押し役、この四つである。

御印箱は毎日、天秤前の手代に渡し、御印の出入りは銀見が改める。銀座が始まる刻限に銀見が出て、封包に来た人がいくらの銀子を入れたかという記録を帳面に付け、その銀子高を送り紙面に書き記し、封包役に渡す。封包人（封包を求める人）を呼び出し銀子を渡す。この作業をする空間は矢来《やらい》で囲まれており、封包人は矢来の中に入らない。封賃（手間賃）を受け取り帳面に記す。封賃帳は朝の六ツ（六時頃）が打ってから付ける。雨天などで暗い時には見合わせ、筆先が見える時に付ける。火をともすことはしない。一日の終わり、封賃帳の一日の締め高に銀見の印を押し、御印箱にも銀見の封印をして座をしまい片付ける。

封包紙は、銚子口村の紙漉き両人が作る。値段は郡奉行所で決め、紙漉き人の誓紙への署名は銀座で行われる。

なお、御土蔵手代は二日に一度、御土蔵に出る際に、一人ずつ銀座へ立ち寄り、御印や糊用の飯などを持って行く。封包紙は時々銀座より遣わす。

諸役所の封包御用があるときには、非番の銀見一人と手代二人が出て勤め、御印と天秤は持参する。銀座銀見が出かけて封包を行う役所は、町会所、公事場、御算用場、その他、町奉行所、会所銀所、聖堂銀所、役銀所、出銀所、小払所、人馬賃銀所、それと御進物所である。

銀座役に就くのは城下の有力な町人であると前にも述べた。銀座役は町人の公職のうち、町年寄に次いで地位が高い。新年の藩主のお目見えにはこの町年寄と銀座が選ばれている。宝永六年に金屋彦四郎の後をうけて銀座役についた福久屋は薬種業が主な職業である。もう一方の浅野屋次郎兵衛も自分の職業を持っていた。

宝永六年五月二十三日昼に福久屋は浅野屋宅に招待されている。相伴《しょうばん》したのは御座屋八兵衛ほか二名。下紅葉《したもみじ》の香炉に、淡路守様（富山藩主）より拝領の白鷺という名香がたかれ、掛け物は日野大納言弘資卿の懐紙（奉書紙などに和歌などが書かれたもの）というしつらえであった。浅野屋次郎兵衛はその後、正徳四年七月に町年寄になるが（銀座役後継は紙屋又兵衛）、これを見ても城下の名家であることが分かる。

銀座役の親族に不幸があると、服喪の作法がある。宝永六年に次のような記述がある。

七月八日の夕方に新右衛門の叔父に当たる福久屋喜右衛門が死去したとの報が入った。早速浅野屋へ行き、忌引《きび》きのことを相談した。浅野屋は町奉行の仰せに従うのがよいと言い、浅野屋自身が町奉行に尋ねて結果を伝えてきた。それによると座は三日間閉じる、城中へ出て行う御用は定式の二十日で忌明《いみあ》けとなる。町会所への出勤は定式二十日の半減で十日を過ぎれば出てよい。町方店には三日間の御簾《みす》懸け（店前に簾《すだれ》を掛け、服喪を示す）となる。

正徳五年（一七一五）九月には浅野屋から銀座を交替した紙屋又兵衛の娘十歳が死去し紙屋は忌引きとなった。座は三日間閉じる、御土蔵に出ること（城中に入ること）は定式の十日間の忌引き、町会所への出所は半減であるなど、先の福久屋とほぼ同様であった。御土蔵での忌引きの間は、御土蔵の封包印は福久屋の印判のみということになった。

座を閉じるということに関しては、享保二年（一七一七）四月に巡検上使が通るときに座を閉めるかどうかが問題になっている。結局、上使が通るときには「暫くひそかに」しており、封包が急に必要な際はお通り筋に当たらない紙屋座で封包することになった。

なお、銀座役には請人（保証人）が必要であった。正徳四年十二月には福久屋の請け人が死去したため、代わりに今町近江屋甚右衛門を請け人にしたい旨伺いを出している。

## 4——封包

江戸の銀座と加賀金沢の銀座との大きな違いは、銀貨幣の鋳造を行うか行わないかという点である。先に述べたように、近世初期の加賀藩でも領国貨幣（主に極印銀や朱封銀）を鋳造し領内に流通させていたときには、その領国貨幣は銀座で鋳造していたので、江戸の銀座とほぼ変わらない任務を負っていた。ただ、寛文九年（一六六九）に領国貨幣の使用を止めて幕府貨幣の一元流通へと転換した後は、金銀の品位を改めて封包するのが主要な任務となる。封包は幕府の銀座同様、藩への上納のためということを起源としたものであろう。封包は江戸や京都銀座でも行われていたので（ただし、幕府の銀座は五百匁包）、その点は共通する。また、為替や両替も幕府銀座と共通するところもあり、規模こそ違え、幕府銀座とかなり共通した役割を持っていた。

なお、加賀藩の支藩である富山藩と大聖寺藩でも銀座役がおり、福久屋が銀座役をしていた当時は、富山銀座は味噌屋次郎右衛門、大聖寺銀座は能美屋徳左衛門が勤めていた。

さて、銀座の仕事を少し詳しく見てゆこう。

まずいま述べたように、金・銀の品位を改めて封包する業務がある。加賀藩は上方（大坂）経済圏にあったから銀遣《ぎんづか》いであったし、おおかたは銀の封包であったはずである。銀の封包は百匁で包むのが基本である。封包する際には銀座役・銀見・手代などが揃って印鑑を押す。銀座にとっては印鑑は非常に重要なものである。正徳四年（一七一四）に浅野屋次郎兵衛に代わって紙屋又兵衛が銀座役に就く際のことが「銀座覚書」に残るが、銀座印判は八つ作られている。真鍮《しんちゆう》製の大小八つの印鑑で、製作代金は六十匁である。このときの銀座印鑑の製作者・白銀屋は偽《にせ》印判を作らぬという起請文を書いている。印鑑八つのうち諸方御土蔵勤務の際に使われるのが三つである（後述）。

百匁に包むことに関して正徳三年に次のような一件が「銀座覚書」に記されている。

六月二日に役銀所（藩士から普請役銀を徴収する役所）より銀座役に出て来るように言われる。用件は、急用で役銀所の銀子を五百匁包にするよう申し付けるので手代を出すようにとのことであった。これは金沢城下では前例のないことなので、銀座役は町奉行に相談した。五百匁包をすると、それは当然城下に出回り、領国中の通用になる、すると包紙も今までのより厚い紙が必要になって紙などの必要経費が多くかかり、一方、百匁ずつの場合より封包の数は少なくなり封賃は減る、今後大金の扱いではおおかたが五百匁包になる——銀座役が以上の諸点を町奉行に申し上げたところ、町奉行は銀座の了簡どおりで新格はなるまじき、たとえ藩の最上層の年寄衆の仰せでも詮議すべき、という判断をした。銀座役が役銀所にその旨返答すると役銀所にも聞き届けられた。

銀座の収入のほとんどが封賃銀である。宝永六年（一七〇九）の銀座の決算では、福久屋座で十四貫九十六匁余り、浅野屋座で十四貫三百五十五匁余りである。領内六ヶ所の封賃銀が七貫余り、しめて三十五貫七百匁近くの収入である。そこから銀座給銀六貫匁、銀見九人の給銀五貫四百匁（一人六百匁）、金沢銀座と六ヶ所銀座の諸入用四貫匁余りを引いて二十貫匁余りが藩に上納となった。

定めにあったように、丁銀百匁の封賃は銭で十二文であり、収入は銭高でも記載されている。福久屋座では、千七十五貫百九十四文で、平均して百匁は七貫六百二十七文余りの換算である。銀ばかりの封包をしたとして計算すると、八千九百六十貫匁を封包したことになり、かなりの額である。なお前述のとおり、銭で徴収した封賃は時々に換銀し、銀銭換算は時々の相場によることになっている。

「銀座覚書」の記載を見ていくと、宝永六年六月二十四日に町奉行の言葉として「頃日上方へ引替有之ニ付、銀子多封付候由、先日茂《も》新右衛門方ニて百貫目斗《ばかり》封付候様ニ御聞被成《おききなされ》、御為ニ宜敷儀ニて、珍重ニ被為成思召《おぼしめしならせられ》候。其上、新銀通用茂仕候と被思召候」とある。上方に流通する銀子（新銀）との引き替えがあるので、封包が多いと聞いている、先日も福久屋座で百貫目ほど封包したと聞いた、としている。宝永六年に「新銀」と言えば、宝永三年に改鋳された宝永銀《ほうえいぎん》のことになる。この頃、京・大坂の上方では多くが宝永銀の流通になっているのに、金沢ではまだ元禄八年（一六九五）に改鋳された元字銀《げんじぎん》が多く流通していたのであろう。上方では品位の良い元字銀の需要が高く、そのため金沢では元字銀を封包して、それを上方へ運び、新銀と引き替えて持ち帰っていたから、元字銀の封包が多く必要となったのであろう。町奉行は「これで領内でも新銀が流通するだろう」と言っている。確かに「銀座覚書」によれば、六月二十九日には百八十貫匁余り、七月十三日には百貫匁余りを福久屋座で封包している。銀座の封包が夥《おびただ》しいときには銀座手代の他に銀座役は自分の手代、例えば福久屋であれば薬種業の手代や両替師を手伝わせることもあった。正徳四年八月には銀座役を浅野屋から交代した紙屋又兵衛の手代と両替師に誓紙をさせた。これは封包が夥しい時分に手伝いをさせるためであった。町奉行からは手伝いをさせるたびに一応伺いを出すようにとされた。ただ、この点は微妙で、自分の手代や両替師を無断で手伝わせることもあったようだ。

　封包が多いほど、銀座収入が多くなり、ひいては藩の収入が多くなるので、町奉行はこのときの封包が多いことを喜んでいる。領内の元字銀が質の悪い宝永銀にどんどん引き替えられていくことについての問題意識はなく、きわめて単純である。

宝永六年分の決算は、翌七年の二月に行っている。これは通例のことである。領内六ヶ所の天秤座の算用については一月に各地の銀見が金沢まで封賃帳を持参して報告に来ている（所口天秤座の嶋屋安兵衛は都合で封賃帳を郵送してきた）。決算の算用帳は算用場に銀座役が持参し、点検を受けるが、手順はかなり複雑である。宝永六年分の決算はかなり早くに終了したようで、「ケ様《かよう》ニ早速相済、事之外《ことのほか》稀成事候由」と言われている。

次いで、算用場での決算書と封賃高を端書にしたものを町会所へ持参し、両町奉行が見るが、「上納銀多有之、珍重ニ被思召候由、庄三郎（町年寄の紙屋庄三郎）取次ニて被申聞《もうしきかせられ》候」とある。

この決算が行われると銀座役の一年交替の当番が交替する。その年当番となった銀座役は、算用簞笥、為替箱、時によって藩から預かっている見本の改鋳金銀を管理することになる。なおさらに、銀座は月交替で御用番（当番）を勤めている。

封包に関わって、銀座の仕事の一つとして挙げられているのは、偽封があったらその銀主（持ってきた相手）を留め置き、それを受け取ったところについて口上書《こうじょうがき》を作って町奉行に届け出ることである。偽封については、宝永六年の「銀座覚書」からも二件見いだすことができる。

一つは五月のこと。十二日に新町の二口屋《ふたくちや》安兵衛方より銀子二貫九百匁を封包に持ってきた。そのうちに百匁の繕い封（しなおされた封）があり、なかに大豆板の大きさの鉛が三粒見つかった。そこで安兵衛に入手先を聞いたところ、方々から受け取った銀なので、どこからか分からないとのことであった。その趣きの証文を書かせ、その証文を持って両町奉行へ報告しておいた。封は、「丑正月十二日」で今石動《いまいするぎ》天秤座与兵衛封であって、鉛目（鉛の目方＝重量）は五匁八分あった。

もう一件は十二月二十六日で、二俣村《ふたまたむら》の庄右衛門という者が銀子一貫匁を封包に来た。そのうち百目が突き封（破れのある封）で繕いがあった。封を破って見たところ、鉛が二つ入っていて、目方は九匁五分あった。庄右衛門に金沢での宿を聞いたところ、小鳥屋町の二俣屋清右衛門と言うので、その者を呼び寄せ、庄右衛門に証文を書かせ、宿の二俣屋清右衛門にも判形（書き判か印判）をさせて手形（証文）を取った。これを両町奉行に持参し御覧に入れた。残りの封包は福久屋座で行った。

偽封を発見し排除することで、領内の流通封銀を正常なものにするという役目である。

また、例えば富山藩や大聖寺藩が本藩の加賀藩に借金を返済する際など、貨幣を改めるために銀座が手代たちを連れて銀座の外、城中で勤めることがある。例えば宝永六年の「銀座覚書」には次のような記載がある。

――五月二十三日の晩方に改作奉行堀孫左衛門より書状で、富山藩主前田長門守様（利興《としおき》）より、返済銀が来たので、明日四時（十時頃）に銀見方と一緒に出向くようにという仰せがあった。二十四日に算用場に出るについて、以前から御用番だけ出る格ではあるが、自分はまだ不案内なので、次郎兵衛に頼んで同道してもらって出た。銀見は両替師の本吉屋宗右衛門・戌亥屋《いぬいや》孫右衛門・塩屋

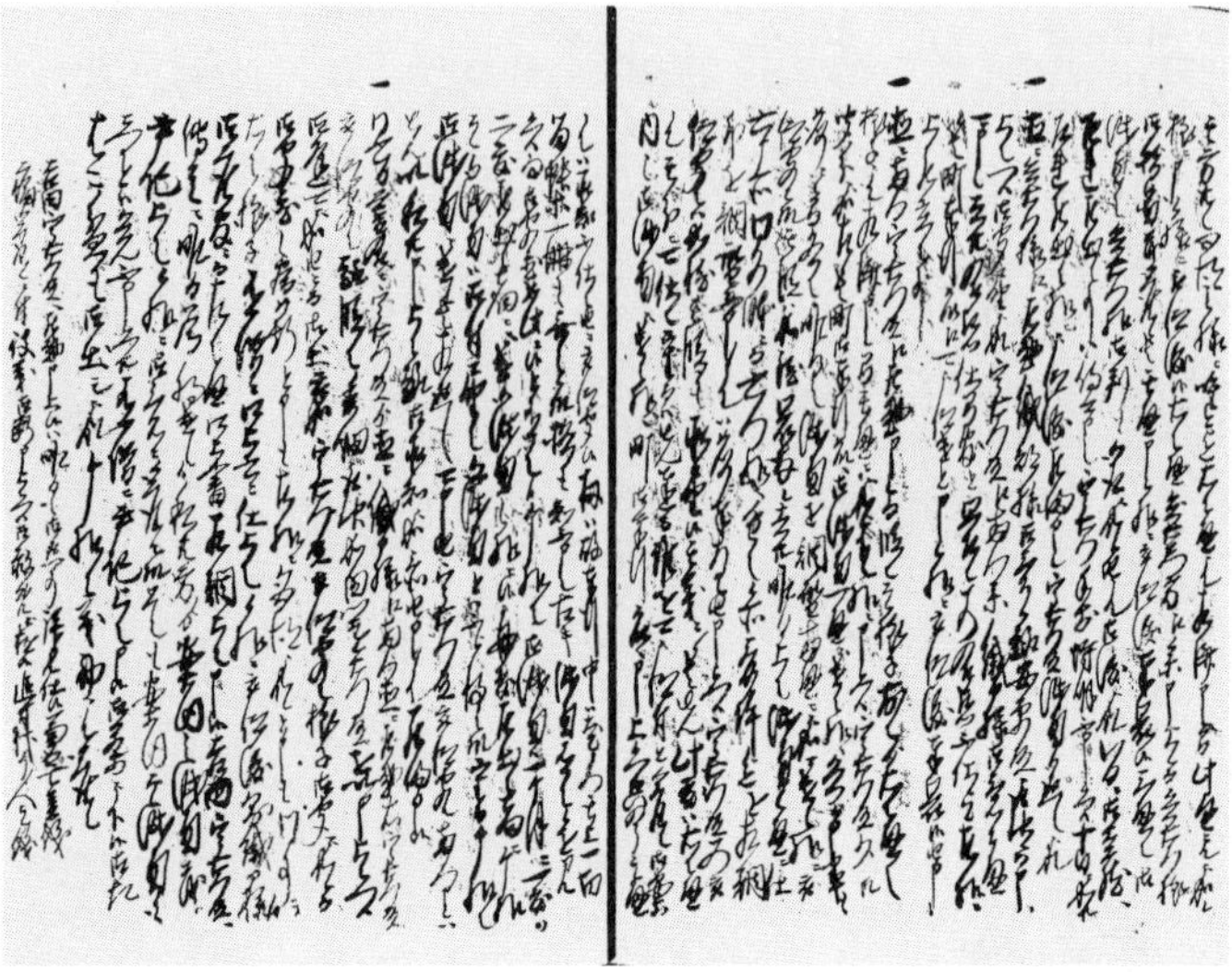

◉「銀座覚書」の書きよう

九兵衛・柳橋屋孫右衛門で御土蔵手代は赤井屋五郎兵衛・泉屋武右衛門と自分の手代五右衛門（銀座手代）を召し連れて出た。富山藩の使者は成田清蔵で知行は二百石、小姓組とのこと、高松屋為右衛門と足軽二人、高松屋の家来が一人であった。

金子《きんす》千五百三十両、銀子が五十四貫二百二十匁で、この両方ともにこの月二十日頃に福久屋座で封包したものである。算用場の奥の間へ使者の成田清蔵を堀孫左衛門が誘引し、右の金銀をそのところへ持参、両替師や自分たちもそこに罷り出て、両替師が改めて封包し天秤に掛けた。その後、御算用衆両人が銀子を受け取り、箱へ入れる役人が取りかかり、事はすんだ。

大聖寺藩の事例は正徳二年一月に見える。

――正月二十八日に算用場から前田備後守様（大聖寺藩主、利章《としあきら》）よりの返済金があるので金見・封包手代を召し連れて来るようにと申し入れがあった。金子千六百八十二両の返済である。金見の両替師が四名、福久屋と浅野屋の手代各一名が揃った。御使者は生駒図書百五十石で算用奉行二名が来ており、当藩では改作奉行二名と小算用衆が一名出た。

以上のように、銀座役は、藩の経済に深く関わる場面に登場し、そこにも年寄席で誓紙に署名する理由があった。

先に銀座役は裕福な町人が指名されると書いたが、正徳五年には福久屋と紙屋の両人が勝手難渋を理由に借銀願いを出している例がある。

正徳五年十二月二十二日に銀座役の福久屋と紙屋から町奉行に宛てられた願書《ねがいがき》である。内容は銀座役を仰せ付けられ過分の扶持銀を拝領しているが、近年は諸色高値になり勝手難儀しており、それで馬借銀・後用銀（いずれも町会所管理の町人向け貸付金）の両方から十貫目を当暮れか来春にも拝借を願いたい、返済はお定めのとおり来暮れから元利返上致す、とある。この後、十二月二十八日には後用銀一貫目を二人が拝借している文書が記載されている。

銀座手代の誓紙は町会所で行われる、と先に書いた。誓紙の具体的内容は、寛文九年七月のものだが記録が残っている。なお、銀座手代は銀座が雇用し、後述の如く長年勤めた者が御土蔵手代や銀見になることがある（「銀座一件」）。

（起請文前書き）

一、偽銀・偽封はしない。附、御印・印判・包み紙など粗末にしない。

一、諸貨を盗むことは申すに及ばず、その他後ろ暗きことは毛頭しない。手代仲間や他所にても不審なる者がいたら即刻申し出る。

一、秤目について、自身は申すまでもなく、たとえ親子兄弟などであっても依怙贔屓なく万事正直にする。

一、諸役所において金銀その他何も盗んだりしない。附、御奉行衆に対し無礼をしない、御公儀金銀の員数や御隠密に関わることは他言しない。

一、銀座入用の買い物など入念に整え、取り扱う料紙筆墨に至るまで粗末にしない。

一、諸人が封包などに持参した金銀を取り落とさないよう念を入れる。附、自分の用事があるからと封包人を待たせず終始滞りなく勤める。

一、賭勝負や囲い女などの淫らなることはしない。附、銀座が忙しい時分に仮病を装ったりしない。

## 5――御土蔵手代

御土蔵《おどぞう》手代は、藩の御土蔵へ町人や農民からの上納銀を納める際に、銀目を改めて封包をし確認印を押して藩庫に入れるという作業をするのが職務である。この作業は「入立《いれたて》」と称されるもので、ほぼ一ヶ月に一回（おおかたは一日の作業）、前月分として上納された銀について行われる。上納される銀は百匁単位で封包されて上納されるのであるが、御土蔵に入れる際には再度秤に掛け封包がしなおされる。その作業をするのが銀見と御土蔵手代である。封には四つの封印判が押され、一番上が銀座役の御預《おあずかり》印、次に銀座役の御土蔵印、次いで御土蔵銀見印、封包手代印の順となる。入立の際は銀座役で当番に当たっている者が付き添うことになる。ただ、一年の初めの初入立は、多くは二月であるが、その際は銀座役全員（福久屋が銀座役をしていたときには二人）が裏付肩衣《うらつきかたぎぬ》（袖なしの短い上着で裏付のもの）を着す正装で付き添うことになる。入立のときには手代六人、銀見三人が全員作業に当たることになる。入立で銀目を改めるのは主に銀見の役目であり、御土蔵手代とは一応別の存在である。

入立の際に御土蔵に納入される銀は、金沢の銀座や六ヶ所の銀座で封包され、いわばいったん改められた銀である。しかし、正徳元年（一七一一）の記述によれば、御土蔵入立の際には目不足（銀百匁に達していない）の封が見つかるものだという。封を見て、遠所（六ヶ所）のうちのどこの誰による封包でいくらの不足と分かれば、その天秤座には金沢銀座から不足分を出しておく。そして春の六ヶ所の算用を銀座でする際に、当該遠所天秤座から不足分を取り立てることになる。金沢の両銀座の封包銀に目不足があれば、封包をしなおして不足を補う。両銀座の封包銀に軽重があるのは天秤前の者の不注意によるもので、彼らを注意することになる。福久屋はその点について、二十貫目から三十貫目を朝から休みもなく打ち詰めて天秤に掛けるのだから、一分や五厘の違いは出てくるものである、五分、八分の不足が出ればそれは不注意の掛け違いによるものである、と言っている。

御土蔵手代は、その他に、藩の役所から銀改めや封包の必要があれば、その都度派遣されることもある。給与に関しては小払所《こばらいしょ》（藩の小額の支払いを行う役所）から支払われ、銀座とは関係がない。ただ、人事的な任命や他出の願い、他役所への派遣などに関しては銀座を通して行われ、町奉行の許可を受けることになる。仕事のうえで関連する奉行は、諸方御土蔵奉行二人・大銀《おおがね》奉行（藩の大銀土蔵の出納を司る奉行）三人・納戸《なんど》入立奉行二人で、御土蔵手代に任命されると、この三つの奉行に挨拶することになる。なお、御土蔵手代のなかには、手代と銀見を兼ねる「銀見兼役」という者もいて、銀見や各地の天秤座に転ずる場合もある。

御土蔵手代の歴史は寛文九年（一六六九）に遡る。「御土蔵手代覚書」（四五）によると、同年十月朔日に町奉行の岡田十右衛門（もう一人の町奉行は里見七左衛門、銀座は越前屋喜右衛門・紙屋又兵衛・本吉屋弥右衛門の三名）からの命令で、内々で御土蔵手代六人を決めることになった。手代になりたい望み人が二十八人いて、同月三日に町会所へ、各々自筆で一門書《いちもんがき》を調《ととの》えたものを持参させ、二十八人とその請人《うけにん》を町奉行が吟味、翌四日に六人を決めて役務を申し渡した。六人は、金屋半右衛門・菊屋六郎右衛門、他四名である。

御土蔵手代が任命される以前は、御土蔵へ銀座から手代らが出て、銀などを改めていたが、「凶事出来」し、それより手代と銀見合わせて九人を召し抱えることになったのである（「銀座一件」）。

同じ四日に町奉行の自宅へ六人を召し連れご挨拶、六日には銀座の越前屋と紙屋が六人を連れて寄合衆の集会所である寄合所へ出かけた。そこに御土蔵奉行と納戸入立奉行衆も来ていて、そこで六人の自分印を登録した。これから御土蔵などで入れ銀の封包をするときには彼ら六人も封印をするので、登録しておく必要があるのだ。その際に三人の銀見にも各自の自分印を登録するよう命じられた。

ところで、加賀藩では家臣の筆頭は年寄と言われ、元禄三年（一六九〇）以降は八つの家から出ることに決まったため、年寄八家と呼ばれるようになったが、元禄以前のこの頃にはまだこの制度も確立しておらず、家臣の筆頭は九人いて寄合（または老中）と呼ばれており、彼らが集会するところを、前述のように寄合所と言っていたのである。

寄合所では奥村因幡一人を残して他の寄合衆は帰っており、銀座二人が奥に招かれた。そこで奥村から六人を銀座三人の手代とすること、六人の扶持（給料）は藩より支給するのでありがたく思うようにとの仰せがあった。寄合所を退出してすぐに、六人を連れてその他の寄合衆の家へ、さらには町奉行衆の家へもお礼に伺った。

同月十二日に、この六人と銀見の弥二兵衛ら三人の皆を召し連れて諸方御土蔵へ罷り出て、入立奉行の中村新丞・中村弥五作が彼らに誓紙を書かせた。十四日には初めてこの九人が御納戸土蔵に出仕した。御用の勤めはじめである。

寛文十三年二月に菊屋六郎右衛門が病死し、「代わり人」を希望する者から三銀座が吟味して三人か四人を書き上げよ、との命令があった。希望者のなかから年齢三十九歳の笹屋喜右衛門（保証人は南町の中屋と堤町の野々市屋の二人）他二名を選んで書き上げを提出したところ、十日後の二十四日に笹屋が選ばれて御土蔵手代に命じられた。

天和三年（一六八三）、この年は藩の財政立て直しのためにいくつかの方策が取られた年であったが、九月六日に銀座役の一人である本吉屋弥右衛門が算用場に出たところ、「御簡賄《ごかんまかない》」であるので、銀見と御土蔵手代の給銀を減らすとの申し渡しがあった。「御簡賄」は出費削減のため人々の給銀を減らすという政策である。その申し渡しを聞いて六人の御土蔵手代は嘆き、自分たちのこれまでの筋目を次のように書き上げた、と「御土蔵手代覚書」にある。

――先年（寛文九年）に御土蔵手代（御土蔵銀包）が召し抱えられた際には、家持ちである筋目の良い者が召し抱えられたのであり、一人に銀二十枚（八百六十匁）を下された。七、八十人もいたうちから厳選され私ども六人が選ばれた。私ども六人と銀見三人の九人は大事の御土蔵なので物事大事に勤め、これまで問題なく勤務している。

この文書には御土蔵手代六名が連署し、銀座二人（越前屋と紙屋）の間違いない旨の奥書がある。文書自体は御土蔵手代がいかに厳選されたかが縷々《るる》述べられているが、結局このときには「勘略の儀」ということで給銀が減少し、一人六百匁ずつしか下されないことになった。

なお、御土蔵に勤める手代・銀見の誓紙署名は町会所で行われる。

御土蔵手代が町人のなかでも家持ちから選ばれる格であることは、御土蔵手代自身が主張しているとおりである。それに関連して御土蔵手代の一人が家を質に入れて借銀をしたいという事態が起きている。

宝永六年（一七〇九）五月七日に御土蔵手代の北村屋庄兵衛が来て、以前老母が患って病死したが、かれこれ物入りで勝手不如意になり、家を質に入れ銀子を借用したい旨申し出てきた。御土蔵手代は家筋もよく家持ちであることが条件であったので、これは問題のある行為であった。

——翌八日に福久屋が町会所へ出かけ、庄兵衛の言ってきた件を御用番の町年寄香林坊三郎右衛門に内談すると、御土蔵手代と言えども公儀の役人であるので、この件は町奉行に聞くべきなのだと言う。一方、金屋九郎兵衛は、家を半分質に入れることにすれば、家は半分は残るわけだから奉行に聞く必要はない、と言う。紙屋庄三郎も同意見で、まずはそのように対応することとした。

ところが、九日に紙屋が来て、半分の家質で銀子を貸す者もいないだろうから、町会所後用銀（前出。町会所管轄の町人向け貸付金銀）から拝借させたらどうか、と言う。これを浅野屋に内談したら、問題がある、後用銀はひしと差し詰まって今日も続かないような者が借りるので、それはできないだろう、と言う。結局は半分の家質で銀子を借用する才覚をさせ、それができなくて家を全部質にするようなら町奉行にお伺いしよう、ということになった。

北村屋庄兵衛が、家質のことは二間で銀子三百目借りたと言ってきた。次郎兵衛へも報告。次郎兵衛は六月二日に出かけてこの事情を町年寄衆へ申し、事済みと報告した（「銀座覚書」）。

御土蔵手代の勤務状況については正徳四年三月の「銀座覚書」の記事が参考になる。このときに銀座役の二人は、町奉行から「御土蔵手代共仕事之儀」を口上書にして上申するように言われた。左がその口上書である。

御尋ニ付申上候

一、当春諸方御土蔵江手代共丁日ニ朝五半過ニ罷出、御銀符附改、九過《ここのつすぎ》ニ仕廻《しまい》罷帰申候。然所《しかるところ》、去極月之上り銀之符出来兼申候ニ付、手代共朝五半前ニ罷出九半過ニ罷帰候由、手代共申候。

一、於銀座引替銀等多御座候節ハ朝五時ゟ七過、銀見共ニ五人ニて百弐三拾貫目斗符附申候。

以上。

午三月廿日
　　　　　　　　　　　　　　　　銀座　次郎兵衛
　　　　　　　　　　　　　　　　同　　新右衛門
町御奉行所

実はこの口上書は書き直されたもので、これ以前の書面には諸方御土蔵での仕事の銀高を銀座におけると同様に書き込んでいたのだが、それは機密事項で諸方御土蔵奉行が知ったら不審に思うと考えたので、差し戻しを依頼し、銀高は口頭でのみとして書面には記さないこのかたちになった。

これによると、御土蔵手代は毎月一回ある入立の際はもちろんだが、諸方御土蔵へ偶数日の朝九時からお昼過ぎまで出勤、さらに銀座での封包が多い日には手伝いに出勤していることが分かる。

実際のところ、御土蔵手代はそれのみが職分ではなく、それぞれの商売をしている。

正徳二年四月に御土蔵手代で道具商の田上屋伊兵衛が商いに出たいと「御暇願《おいとまねがい》」を出したことで問題になったことがある。五月二十一日から六月十五日まで宇出津《うしゅつ》へ行きたいと言うのである。願書に両銀座が奥印して町会所で町年寄に相談したところ、町年寄の庄三郎が「御土蔵手代商ニ罷越候儀、如何」と言う。それで、以前に御暇を下された例を挙げて、太田屋七郎兵衛が富山に行った例や、一昨年赤井屋五郎兵衛が伊勢参宮を願い、そのついでに京都に商いに罷り越したいと願い出て許可されていることを述べた。伊兵衛は今年の春当分の代わりとして宇出津の天秤座に行っており、その際に道具商で利分を得たので再度行きたいと願い出ているのであった。

ともかく書付を町奉行に見せることになり、五月二十日に町会所に再度出かけ、書付を町奉行に御覧に入れたところ、「勝手次第」、遣わしてよい、ということになり、帰ってから伊兵衛を同道して両町奉行にお礼に参上した。

御土蔵手代は、右のような自分の仕事以外でも、参宮や湯治などでも長期に仕事を休むことがあり、両銀座の奥書が付された願書で町奉行の許可をほぼ得ていたのである。

次に御土蔵手代が交替になったときの状況を見てみよう。御土蔵手代が病気になったり死去したりして代わり役を任命しなければならないときにはどのようであったか、宝永六年十月に太田屋七郎兵衛が死去し跡継ぎが問題になった一件を「銀座覚書」に見てみよう。

——十月初めより、御土蔵手代の太田屋七郎兵衛が気分が滞り、差し当たって役務を勤めがたくなっていた。そうするうち、十月二十八日に七郎兵衛が病死した。相方の銀座役浅野屋次郎兵衛からこの旨が両町奉行、御土蔵奉行へ報告され、諸方御土蔵奉行へも手紙にて連絡された。この日に御土蔵手代の赤井屋五郎兵衛らの三名がやって来た。用件は七郎兵衛が死去する日の朝、五郎兵衛に申し残したことがあり、それは自分七郎兵衛の跡役を太田屋半右衛門の倅《せがれ》平右衛門に申し付けるようにお願いしたい、とのことで、福久屋はその旨、町奉行に申し上げておくこととした。

十一月二日には、御土蔵手代八名が連判で願状《ねがいじょう》を持ってきた。奉行所へ持っていく旨、伝えて預かった。内容によると次のことが分かる。先年七郎兵衛の兄の太田屋半右衛門が御土蔵手代として召し抱えられて二十ヶ年勤めた後、役儀を辞め、跡役は弟の七郎兵衛に仰せ付けられた。そして今年まで二十一ヶ年問題もなく勤め終えた。そして今度七郎兵衛が死ぬときに自分たちに頼んだのは、どうかお慈悲をもって半右衛門の倅の平右衛門に自分の跡役を仰せ付けられたい、とのことである。平右衛門は仕事ができる人物で、半右衛門も同様に願い出たかったが、忌中《きちゅう》なのでやむをえず自分たちに任せたのである。

銀座は願状を町奉行所へ出した。そのうえで銀座両人から町年寄三名へ次のように口上した。平右衛門はようやく当年に前髪を取ったので、役儀をどの程度勤められるかは分かりがたい。以前三銀座のときには役務も支障なく、御土蔵手代に銀座で手助けさせるようなこともなく、御土蔵手代のうちに新参で不案内な者がいても仲間で埋め合って勤めた。ただ、今は銀座が二つになり封包人が多く手に余るときには御土蔵手代を手伝い人とするし、また所々の御場より御用が重なったときには御土蔵手代を出して勤めさせている。そういうわけなので、不案内な者がいるのはいかがなものであろうか。現在、御土蔵手代のうちに不案内な者、または病人などもいて、そのうえ、ただ今不案内な者がいては、御土蔵の勤めも捗《はかど》らず、外の御場の御用を勤めることを御土蔵奉行が嫌がるために、銀座の勤め方が不自由になる。今度の七郎兵衛の代わり人には銀座手代を長く勤めて諸事巧者な者を仰せ付けられたい。銀見兼役で勤めれば支障がないように考える。また、遠所天秤座で病人や欠人が出た折にも、当分の代わりに勤めさせることもできる。ただこうこう申し上げると、私どもの手代の立身ばかりを考えていると思われるかもしれないが、これは御用の筋が良いようにと申し上げることである。誰が代わり人になったとしても御用の筋を間違いなく勤めるように仰せ付けられたいと、銀座たちの存じ寄りを申し上げた。

御土蔵手代からの願書《ねがいがき》、銀座申し分、この両通が町年寄紙屋庄三郎の取次で上げられ、同人の取次で町奉行の仰せがあった。七郎兵衛の願いは一応筋も通っており、平右衛門は若輩だと言うがもう十九歳、最初からよく働くという者もいないので、平右衛門に仰せ付けようと思う、追って町年寄中で平右衛門を見分して仰せ付けよ、と。

十一月十四日に町会所で太田屋平右衛門を町年寄が見分、跡役に決定。それを受けて十八日に銀座両人が呼び出され、御土蔵手代共の願書に奥書するよう言われ、そうした。十一月二十日に正式に、太田屋七郎兵衛の跡役に平右衛門が決定、町会所でのお礼には両銀座が平右衛門を連れて罷り出た。町奉行たちには福久屋が御用番なので、平右衛門を召し連れてお礼に参上した。諸方御土蔵奉行衆・大銀奉行衆・入立奉行衆の七名には案内の手紙を銀座両人の判で認《したた》め、平右衛門に渡して持っていかせた。

十一月二十一日に太田屋平右衛門に誓紙を仰せ付けられ、町同心の松宮吉丞と町年寄の紙屋庄三郎の前で平右衛門が誓紙に署名した。その後、無事誓紙がすんだことの報告に、自分が平右衛門を連れて両町奉行へ伺った。

二十二日に太田屋平右衛門が初めて御土蔵に出勤した。羽織の下に肩衣を着用してくるように申し渡している。諸方御土蔵奉行の岩田弥介と毛利久左衛門には紙面で、平右衛門が昨日町会所で誓紙を入れたので御用を仰せ付けられたい、と両銀座の判で申し入れ、この紙面を平右衛門に渡して御土蔵に出勤させた。

この事例は御土蔵手代からの名跡要求を銀座が退け、結局は町奉行が御土蔵手代たちの要望を採用した例である。

御土蔵手代の場合、名跡を願って受け入れられる場合と、受け入れられない場合がある。次項の銀見のところで明らかにするが、長年銀座手代を勤めた者が町役人である御土蔵手代に就くこともある。そのあたりは状況によって変わるが、御土蔵手代の場合は藩から、つまり小払所から給銀をもらっており、次項の銀見とは異なって名跡が認められやすい傾向もあるようだ。

## 6――銀座差配下の銀見

銀見は銀座の銀見が三人おり、この三人は御土蔵銀見としても働くのだが、その他に、領内六ヶ所の天秤座へ派遣された銀見が六人（元禄十年〈一六九七〉以前は五人）いる。延享元年（一七四四）の「銀座勤め方」に、銀座差配下の銀見や手代のことが記されている（「銀座一件」）。

銀座の銀見三人は、毎日両銀座（このときには浅野屋次郎兵衛と武蔵庄兵衛の二名）に一人ずつ勤務に出る。彼らに故障が出た場合には、非番の銀見が代役になる。なお、宝永六年（一七〇九）に福久屋座における銀見の「毎月の番」が決められている。それによると、月の上旬十日は松田屋権右衛門、中旬の十日は紙屋甚七、下旬の十日は吉田屋庄兵衛であった。

前述のとおり、銀座の銀見は重い役柄なので、町会所に誓紙を入れねばならなかった。当領内六ヶ所の、例えば小松、今石動などの天秤座が何かの理由で一時的に休みたいときには、当分代わり人として銀座の銀見が輪番で勤めることになっている。そして誰かが天秤座を辞めるときには、銀座手代で長年勤めた者が順番で天秤座の銀見に昇格する。

銀見の歴史と給銀について、「銀座一件」に「銀座銀見・遠所封付手代共給銀覚」が残されている。

万治年中（一六五八―六一）の頃は朱封銀が通用しており、その頃は遠所五ヶ所に銀座手代を一人ずつ差し遣わして封包をしており、手代の給銀は小松・今石動・所口封包手代は五百匁ずつ、魚津・宇出津封包手代は六百匁ずつであり、いずれも手代で銀見はいなかった。

寛文九年（一六六九）に朱封銀通用が停止され、「一統丁銀遣い」となったので、寛文十年に京都より、銀見七人を召し抱え、当地からも一人召し抱えた。その給銀は、京都銀見七人は一貫匁ずつ、当地の銀見一人は八百六十匁。その際、遠所五ヶ所へ右の銀見が一人ずつ罷り越して勤めた。この他に最初からの封包手代がいて、給銀は以前のとおりである。

延宝四年（一六七六）に右の京都より来た銀見がいなくなり、当地の銀見で三銀座（三人）と五ヶ所（五人）で勤め、給銀は八百六十匁ずつである。他に小松と宇出津の二ヶ所には封包手代一人ずつがいて、給銀は宇出津の封包手代が七百匁、小松は六百匁。今石動・魚津・所口の三ヶ所にはその節は手代がおらず、銀見一人で勤務していた。

天和三年（一六八三）に小松と宇出津の封包手代をやめた。

貞享元年（一六八四）より、右の銀見給銀の減額が仰せ付けられ、銀座銀見三人・五ヶ所銀見五人は、一人に六百匁ずつ下されることになった。

元禄十年に初めて高岡銀見が召し抱えられた。給銀は右と同じ。

これらによって、銀座銀見（御土蔵銀見も兼ねる）、遠所六ヶ所一統に六百匁宛てが下されることになった。

銀見はこのように給銀をもらっていたのであるが、経済的には逼迫していた。

宝永七年十一月十一日、銀座は町会所へ行き、町年寄に願書二通を出した。一通は宇出津天秤座銀見山崎屋五右衛門が町会所の貸出銀の一つ馬借銀五百匁を借りたいという願書、もう一通は御土蔵手代の北村屋庄兵衛が馬借銀二百匁を借用したいという願書である。さらに同月十八日には御土蔵銀見の田上屋伊兵衛が馬借銀五百匁を拝借したいという願書を町年寄に提出した。

銀見の給銀は、銀座の毎年の決算で封賃を主とした銀座の収入から出される。決算は通例翌年の二月に行われるが、銀見の給銀が後払いになるため、先に算用場から借り受けることが多い。宝永八年三月四日には、銀見三人と六ヶ所の天秤座の銀見六人の給銀、三貫三百匁を小払所から借り受けて九人に渡している。
一方、先に述べたとおり、銀見に欠員が出たときには、銀座手代が順番に充当された。

宝永七年閏八月に宇出津の蔵屋理兵衛が病死した一件について「銀座覚書」には次のように記されている。

——閏八月十七日に宇出津天秤座の蔵屋理兵衛が病死した、と理兵衛の老母から十八日付けの紙面が二十一日に浅野屋に届いた。宇出津奉行の谷又兵衛・下代《げだい》矢田弥兵衛へ伝達、町奉行に報告。町奉行からは代わり人を申し上げよと言われる。

二十二日、順番なので「当分代わり人」として銀座銀見の紙屋甚七を遣わしたいと町会所へ報告、本代わり人は、印判を用意したり城下を引き払って引っ越したりするのでしばらく時間がかかる、ともかく当分代わり人を指名したい、と申し上げる。これは町奉行に聞き届けられる。このとき、順番がどのようになっているか銀座で確認のため、土蔵の銀見・銀見兼役を呼び寄せ、どこへ・幾度・誰が行ったかを調べて代わり人の順番を確認しようとした。二十三日に浅野屋へ、御土蔵銀見田上屋伊兵衛・三河屋与右衛門・菊屋小左衛門（気分が悪いと欠席）、銀見兼役の尾張屋勘右衛門・泉屋武右衛門を呼び寄せて問うたところ、皆いっぺんずつ参ったという。当分代わり人の順番を決める。

一番田上屋伊兵衛、二番尾張屋勘右衛門、三番泉屋武右衛門、四番三河屋与右衛門、五番菊屋小

左衛門、六番紙屋甚七、七番松田屋権右衛門（ただし、権右衛門は二度勤めた）、八番吉田屋庄兵衛（前に三度勤めた）、この順番で遠所（六ヶ所）当分代わり人の順番にすると決めた。

二十五日に当分代わり人を、まだ一度も行っていない紙屋甚七にすることについて、銀座両人よりの町奉行閲覧済みの紙面を宇出津奉行谷又兵衛へ出す。遡って、二十二日に亡くなった蔵屋理兵衛の請け人である伝馬町の山科屋左平次が、宇出津に行って封賃帳と賃銀などを調べ置いて当分代わり人の紙屋甚七へ渡したい、と言ってきた。銀見の紙屋甚七は宇出津へ行く。

結局、宇出津天秤座の本代わり人には銀座手代であった山崎屋五右衛門を遣わすことになった。五右衛門は福久屋新右衛門方で八、九年ほど銀座手代を勤めていたので、丁銀目利きに心許《こころもと》ないことはない、と町奉行に許可を求め、許可される。五右衛門は布裃《ぬのかみしも》を着用し銀座二人の付き添いで町会所で町奉行にお目見えし、その後、銀座両人同道で町奉行宅へお礼参上、さらに町同心と町年寄衆三人には五右衛門のみがお礼に伺候した。

九月二日に町会所へ五右衛門を召し連れ誓紙を入れた。請人《うけにん》下堤町山崎屋七右衛門他一名の請け合い証文を町年寄に渡した。

九月九日に両町奉行に報告。山崎屋五右衛門印鑑ができ、十一日に宇出津へ行く予定なので、十日に印鑑を町会所に届け出、町奉行から宇出津谷又兵衛への紙面も出て、十一日に出立し、十三日に宇出津に到着。当分代わり人の紙屋甚七は宇出津で印・封賃帳・封賃銀を五右衛門に渡し、十六日に出船、十七日に帰る。甚七は谷又兵衛からの町奉行への紙面、蔵屋理兵衛印鑑・御下行過上銀

（蔵屋が既に受け取っていた給銀の過剰分）を持参した。

この間、福久屋から手代を宇出津へ出したので欠員ができ、八日に小松屋伊兵衛を手代に雇う。ただし、御土蔵手代の田上屋伊兵衛と同名なので小松屋由兵衛と改名し、浅野屋へ引き合わせた。

六ヶ所の天秤座へ派遣されるのは、銀見のこの時代の転勤である。一時的に天秤座を休みたいという場合には、当分代わり人として順番が決まっている。一方、老齢で辞めたい、または死去した時などは本代わり人が充当される。ほとんどの場合、当時銀座手代で長年功あった者が銀見という町役人として採用され、任地に派遣されることになる。

なお、六ヶ所の天秤座は金沢に家を残したまま赴任するのであるが、ほぼ終身の赴任なので、時によっては赴任地で家を買い赴任先で宗門人別に入ることもあった。

正徳元年（一七一一）五月に能登所口の天秤座嶋屋安兵衛が、家を買ったので送り状を出してほしいと、送り状の草案も添えて書状を寄こした。銀座の留帳を探したところ、小松の天秤座大聖寺屋豊右衛門が家を買ったときの送り状が出てきたので、それらを参考に草案を町奉行の御覧に入れたところ、よろしいと言うので、左のとおり作成して遣わした。

立紙ニ

一、其御地天秤座嶋屋安兵衛、各御組之内ニ家買候旨、及断《ことわりにおよび》ニ候。尤家請人御法之通御取置可被成候。安兵衛義、切支丹宗門類族ニて無御座候。御当地泉野寺町実成寺旦那ニて御座候。

先年安兵衛役義被仰付候節、御当地町奉行所ゟ其御地御奉行所江御紙面御添被遣、慥成者ニ御座候。以上。

銀座　新右衛門　印
同　次郎兵衛　印

宝永八年五月十一日

能州所口封中町肝煎　長兵衛殿

以上、銀座役とその差配下にある御土蔵手代や銀見などについて、基本的な事柄を述べてきた。この他に、銀座役の直接の差配の下にあるのではないが、銀座を場として自らの商売をしている両替師たちがいる。それら両替師のことも含めて、次章では銀座をめぐって起きている諸事象について述べていこう。

# 第六章　銀座の諸相

## 1――貨幣改鋳と銀座

幕府は元禄八年（一六九五）に初めて金銀の改鋳を行い、それまでより金銀の含有率の少ない貨幣を鋳造した。そして品位の劣った金銀貨幣をそれまでの慶長金銀と同価で通用させようとした。しかし、実際には慶長金銀と元禄金銀の交換には、歩《ぶ》を入れて（元禄金銀をより多くして）交換されたのである。ただ当時、金銀貨幣が不足していることもあり、必ずしも品位に見合った割合で交換がなされたのではない。そして悪貨は良貨を駆逐するの言葉どおり、元禄金銀が流通性をもったのである。なお、このとき鋳造された元禄銀は元字銀《げんじぎん》と称された。

幕府は元禄金銀を手始めに、銀に関して言えば、宝永期と正徳期に何度かにわたって品位の劣った貨幣を発行し、全国に触書《ふれがき》を出して通用させようとした。

「銀座覚書」の正徳二年（一七一二）六月の記事に次のようにある。

――銀の改鋳に関して藩の奉行（入立《いれたて》奉行、大銀《おおがね》奉行）から、藩が改鋳銀貨幣の本銀（現物）を銀座に渡した経緯について申し上げよ、と言ってきた。それで書き上げたのは次のとおりである。

はし書なし

一、二宝極印新丁銀宝永三年戌九月十日御本銀町御奉行所ゟ先《さきの》銀座金屋彦四郎・越前屋吉兵衛江御渡被成《おわたしなされ》候。

一、二宝銀ニ永之字添極印之丁銀、永之字迄之極印小玉銀、宝永七年寅三月廿八日ニ従町御奉行所私共江御本銀御渡被成候。

一、二宝銀ニ宝之字小極印打添申丁銀、小玉銀、宝永七年寅六月六日ニ従町御奉行所私共江御渡被成候。

一、新吹添極印四宝丁銀、小玉銀、正徳元年卯八月廿五日ニ町御奉行所ゟ私共江御本銀御渡被成候。

右度々御本銀御渡被成候時分ゟ相交《あいまじり》、上納銀並諸方通用銀共ニ封ニ附申候。以上。

正徳二年壬辰六月十五日　銀座　次郎兵衛　場書印判

同　新右衛門　同

茨木　六之丞殿
堀　　平之丞殿
由比七左衛門殿

宛て先の三人は大銀奉行である。右の文書は、改鋳された丁銀・小玉銀が町奉行から銀座に見本として渡されたことを語っている。

この時期の銀の改鋳は、宝永三年（一七〇六）七月に「二宝銀《にほうぎん》」（二《ふた》ツ宝銀《ほうぎん》）、宝永七年三月に「永《えい》字銀《じぎん》」、同年四月に「三宝銀」（三ツ宝銀）、正徳元年八月に「四宝銀」（四ツ宝銀）のように改鋳が行われた。右の史料と比べれば、七月に改鋳された二ツ宝銀の見本が渡されたのが九月に、また四月に改鋳された三ツ宝銀の見本が六月になった以外は、ほぼ改鋳と同じ時期に見本が渡されている。

なお、それぞれの改鋳銀を銀座で封包しはじめたのは、見本銀を渡されたと同日である。

ところで、この改鋳の記述は、銀貨幣の改悪の歴史を表している。概説によれば、慶長銀が銀含有率八〇％なのに対し、元字銀は六四％、二ツ宝銀は五〇％、永字銀は四〇％、三ツ宝銀は三二％、四ツ宝銀は二〇％であり、急速に低品質の銀となっている。

さて、福久屋は宝永六年に銀座に就任したので、宝永七年三月の永字銀発行の際の記述があり、見本（本銀）がどのように銀座に渡ったかが明らかになる（「銀座覚書」）。

――三月二十八日、町会所より呼びに来たので罷り出ると、江戸御会所より町奉行様へ来た御紙面の写しと江戸御屋敷の御用を承っている両替師の江嶋屋七郎次・浅田屋与兵衛・両替次郎兵衛の三人が江戸御会所へ出した紙面の写し両通を、渡部甚左衛門（町同心）がわれわれ（福久屋と浅野屋の両銀座役）にお見せになり、江戸から来た御本銀を渡された。御本銀は丁銀一枚と小玉銀二つで、この目方は四十五匁八分、この受け取り切手を仕上げた。江戸より来た写しは座の留帳に写す。

右の記述の内容がさらに詳しくなるのが、正徳元年八月に四ツ宝銀が改鋳されたときの「銀座覚書」の記事である。

――正徳元年八月八日に江戸の加賀藩御用達《ごようたし》の両替屋三名から加賀藩の江戸会所に宛てて次のような書付が出された。

「今般銀座より新吹きの銀子と見える、添え極印を打った銀子が出ました。もちろん幕府の御払い銀にも右の銀子が出ております。町中《まちなか》にこれまで通用していた銀子同然に相混じり通用しています。そのためお見合いの（見本として）添え極印の銀子を差し上げます。」

この後、加賀藩の江戸会所から書状と新銀一封の百十三匁が加賀藩に届き、それが町奉行に伝えられる。

百十三匁　　新銀一封

右は重ねて銀子が吹き直されたとのことで、江戸両替屋どもより添え書きを付けて出してきたと、江戸会所より申してきた。その銀子と江戸両替屋どもの添え書きを共に遣わすので、銀座中へ見合いのためお渡しください。両替屋書付はご覧になってお返しください。

卯八月二十四日　　伊藤所左衛門

堀　次郎八

小塚八右衛門殿

前田兵右衛門殿

右の両通と銀子を、町会所で町奉行より銀座に渡され、相役《あいやく》浅野屋次郎兵衛が受け取った。八月二十五日に銀座両名から町会所宛てに受け取り切手を上げた。

「ただ今迄有り来たりの銀子と相交じり銀座封付通用と致します。この銀子は銀見ども見覚え申す時分に返上致します。」

これは新銀吹き直しの四宝極印銀子で、両銀座の連名で六ヶ所の天秤座へ見せに遣わした。

つまり改鋳された銀貨幣は幕府ないしは江戸の銀座から藩に見本として届けられるのではなく、江戸の両替屋で加賀藩の御用達が、江戸の銀座や幕府の払い銀のなかから改鋳銀を入手し、加賀藩の江戸会所へ改鋳貨幣の発行連絡とともに届けることで、初めて藩に届くのである。加賀藩御用達の両替屋が改鋳貨幣の伝達に重要な役割を果たしているのである。加賀藩の江戸会所はそれを本国に伝達、届ける。本国では貨幣流通の要《かなめ》にいる銀座に町奉行から伝達・届けられるのである。
先の宝永七年三月の記事の続きを見ていこう。

――この様子は浅野屋次郎兵衛に知らせ、紙面と御本銀も持参した。この後、御本銀はまず自分のほうの銀見どもに見せ、浅野屋へ二十九日に再度持ち遣わした。追っ付け浅野屋より戻ってくる。江戸から来たのは宝の字極印の丁銀に永の字極印を打ち添えたもの、小玉銀には永の字の極印のみ打ってある様子、即ち六ヶ所天秤座へ紙面にて申し遣わす。

この御本銀を御土蔵へも遣わし見させた。早速返してきたので、浅野屋次郎兵衛に相談し、六ヶ所の天秤座へも封包の際の参考にするために、御本銀を見せておく必要があり、その手順を決めた。つまり小松の大聖寺屋豊右衛門方へ遣わし、豊右衛門方より返ってから今石動の松屋忠兵衛、高岡の福久屋介三郎、魚津の小原屋又作方へ、添え廻状で段々に遣わした。返ってきたら、所口・宇出津へも遣わすべきだと考える。

四月二十六日の朝、町年寄奈良屋武兵衛より番徒《ばんと》（町会所の下働き人）をもって、本日の朝五ッ（八時頃）に巧者なる両替師を一、二人同道して来るようにと言ってきたので、了承の返事をした。戌亥屋孫右衛門へ申し遣わすうちに、五ツになったので、町会所へ出かけ、孫右衛門も来た。奈良屋へ用件を尋ねると、昨晩に松宮吉丞（町同心）が用事があるとおいでになり、そのとき、宝の字銀（二宝銀）と永の字銀（永字銀）は善悪があるのか、損得があるのか、と尋ねられた。お返事は、お尋ねの趣き畏れ入ります、宝の字銀と永の字銀は相交じって通用しているので、損得もありません、ただし、元の字銀と宝の字銀に善悪があるのかと言えば、引き替え歩合などはありますと申し上げた。それに対し、元の字銀と宝の字銀のことは歩合があると知っている、宝の字銀と永の字銀の善悪の儀は銀座で詮議し、紙面で申し上げるように、と仰せ渡された。それについて紙面は、肝煎左次兵衛と相談のうえ、清書は左次兵衛が行い、私（福久屋新右衛門）の名前でと言うので、それは戊亥屋孫右衛門と調えるようにと申した。それについて左次兵衛が奈良屋へ相談すると、奈良屋が言うには、松宮吉丞は銀座と仰せられたので、自分（福久屋）の名にするよう申される。不心得であるが、そのとおり、自分の名にした。

紙面の内容は次のようにした。

宝の字銀と永の字銀の善悪をお尋ねになりました。ただ今は両方が相交じって通用していますので、引き替え歩合などはありません。しかしながら永の字銀は少々質が悪いように見えます。

寅四月二十六日　　　　銀座　新右衛門　印

松宮吉丞殿

銀の品位の違いについては銀座の名で出しがたい、両替師か銀見の見立てならよいが、と言うと、町年寄の紙屋庄三郎も同様の意見で、「銀見がこのように申す」と書いて自分の名前の紙面にするという提案に同意した。そこで銀見の甚七を呼び寄せて相談し、さらに松宮吉丞の希望で次のように書き換え、これを上げた。

ただ今まで通用の宝の字銀、今般相改めた永の字銀といずれが良いかとお尋ねであります。銀見共方に詮議したところ、永の字銀は少々質が悪いように見えます、と申しております。以上。

　月日、差し出し、宛名同様。


　ここでは町同心の問いというかたちであるが、もちろんそれは町奉行の、さらには藩上層部の者たちの問いであり、これによって分かることは、これらの人々には二宝銀と永字銀の品質の差異がよく分かっていない、ということである。藩上層部は銀座を通じて両替師から聞き、確実なところを把握しようとしていたのである。流通銀の品位は銀座ではなく両替師か銀見が把握していることなのであった。

　銀座の役目としては、江戸から送られてきた本銀（見本銀）を領内の六ヶ所の天秤座の銀見に確認させて今後の仕事に備えさせること、金沢銀座の配下の銀見や手代たちにも本銀を確認させておくことだった。浅野屋は六ヶ所にはいずれ領内にも出回る永字銀で確認させればよい、という意見だったが、福久屋はそれでは駄目だと思っていた。

「銀座覚書」の続きを見ていこう。

　――五月四日、町年寄の香林坊三郎右衛門の取次で町奉行へ、今般三ツ宝銀が方々へだんだん出回っているようですのでご案内申し上げます、と申し上げた。そうすると、三ツ宝銀がいよいよ方々へ廻りかねるようなら書付で申し上げるように、と命じられた。その際、同時に「御会所へ御本銀のことを頼んでおこう」と申し渡された。三ツ宝銀のことを六ヶ所へ申し遣わした。

ここでは四月に改鋳・発行された三ツ宝銀が領内に流通してきていることを銀座から報告したことになっている。それを聞いた藩の対応は、江戸会所に三ツ宝銀の本銀を送るように依頼しておこうというものであった。

「銀座覚書」には続いて宝永七年四月の三ツ宝銀と同時期に改鋳・発行された乾字金《かんじきん》に関する記載と三ツ宝銀の本銀を求める銀座の様子が記されている。

——五月十一日、町会所から呼びに来て罷り出た。次郎兵衛も出てこられた。新小判一両と新一歩金一切れが見本として両座に渡された。江戸幕府から出された紙面の写し、藩の年寄から出された紙面の写しを渡された。見本金の受け取りを出しておいた。

右の見本の金両種を浅野屋より遣わされ、受け取りの返事をした。この見本金は御用番の方に置くべきと言ってきたので、了承の旨申し遣わした。当座の両替師中へとくと見させて返すことにした。御本金両種は五月十四日に浅野屋へ返した。

五月十二日に、三ツ宝極印の御本銀願いのため、次の書付を出した。

恐れながら申し上げます。

先頃お渡しになった永の字極印打ち添えの丁銀と「永」極印だけの小玉銀については、銀見どもの見合いにして封付《ふうづけ》（封包）してきたところ、その後、宝の字小極印打ち添えの丁銀（三ッ宝銀）が上方筋よりだんだん多く下ってきました。しかし、御本丁銀の極印とは違っているので、封に包めないので、両替やその他の町方の手支《てづか》えになっております。重ねて、宝の字小極印打ち添えの見合い銀を、江戸へ仰せ遣わされ、渡してくださるようにお願いします。以上。

宝永七年五月十二日

銀座　次郎兵衛　印

同　新右衛門　印

町御奉行所

右の書付を同日に町年寄紙屋庄三郎が町奉行所へ持っていったが、お留守で取次の三輪茂兵衛へ渡し置いて帰ってきた、ということを、同日に浅野屋次郎兵衛が呼ばれて庄三郎から聞かされた。すぐに次郎兵衛が私宅に来て話していった。

乾字金という金に関しては、幕府の書状と見本金が藩に届いている。見本金は幕府からもたらされたものか、やはり江戸の加賀藩出入りの両替屋がもたらしたものか、定かではない。が、幕府の対応が銀とは異なるものであったようだ。

さて、正徳四年の五月に正徳金が、八月に正徳丁銀が発行された。このときの改鋳は以前のような品質を落とすのではなく、慶長金銀の高品質に戻したものである。「銀座覚書」にはこれに関連して、次のような記事がある。

――七月十日、元字銀と二宝銀に関するお触《ふれ》（区分して封包するようにというお触らしい）が出たので、封包の望み人が浅野屋座に来た。それで、どのような封包にするか許可を求めるために銀座両人が町会所へ出かけた。元字銀に関しては「元丁銀百目」の表書きのところ、「元」の字のところへ下印《したいん》（銀座役が所持する印の一つ）を押し、裏の封じ目に常のとおり十二支と月日を、その上に、上にお預け印、次に中印、またその下に銀見印、このような封のかたちにした。町年寄紙屋庄三郎の取次で町奉行に御覧に入れると、富山藩や大聖寺藩へも見本を遣わすべきとしつつ、町奉行のみでなく藩の年寄衆へも御覧に入れよとの仰せで帰ってきた。

推測に過ぎないが、この年の八月に正徳銀が発行されるので、その前段階として元字銀と二宝銀を通用銀のなかで区分することになったと考えられる。

――十二日、次郎兵衛が呼ばれて元丁銀と宝丁銀は先のように区分して封包するよう、私方（福久屋）へも封形を持ってきて案内があった。富山と大聖寺、それに領内六ヶ所へその旨の紙面を添え、封形も四枚ずつ添えて両銀座の連判で連絡をした。富山の味噌屋次郎右衛門へ元・宝封包見本を遣わしたが、請け取りの七月晦日の書状が八月七日に来た。書状には富山御奉行所へ封包分を見せたところ、富山でも金沢同様の封包をするように仰せ渡されたとのことで、富山の元・宝封包分の見本を四枚寄こしてきたので、二枚は紙屋座へ遣わした。

そして九月に正徳金銀の見本を銀座は受け取っている。

御本新金銀御渡被成候請取之留

覚

一、新金小判　壱両

一、新金壱歩　壱切

一、新丁銀　六拾目

右、御本金銀御渡被遊、慥ニ請取申候。何茂《いずれも》銀見共並六ヶ所銀見共ニ為見習可申候。追而返上可仕候。以上。

甲午九月四日　　銀座　又兵衛

同　新右衛門

町奉行所

正徳金銀の発行より多少遅れているが、流通はそのようであったのであろう。

正徳六年三月六日には正徳銀に関する封包の上書《うわがき》について論じられていることが、「銀座覚書」に見える。これらは町奉行のお尋ねに銀座が答えたかたちで記載されている。

――今度京都から下ってきた新銀通用の件で、大聖寺や富山の銀座では新銀の封包上書がどのようかお尋ねですが、分かりません。両所で封の上書に変わるところがあったら両所の銀座から私たちに案内があるはずですが、何とも言ってきませんので、「新銀之封附申事無御座候哉と奉存候」、新銀の封包はしていないはずです。ただし、当地の新銀封包したものを私たちより両所の銀座へ封印鑑など遣わして近日中に案内しようと思っています。

今度京都より下ってきたと城端《じょうはな》（現富山県南砺市）の三人から銀座へ差し出してきた新銀は五百匁包と二百五十匁包で、上書は「上銀」・「新銀」・「正味銀」とあります。封裏には糸屋長左衛門など名書《ながき》があり、両替師か問屋名でしょう。京都の両替師や問屋は勝手に五百匁封包をしているとのことです。御公儀で決まった包み方ではないようです。そうなので封包の上書の正式なものはないようです。

また新金については私どもへ封包に出されたことがないので、京都での包方や上書について知りません。

新銀は正徳四年の五月に発行されているが、右からは京都での出回りはあっても北陸での出回りはほとんどなかったように見える。また京都銀座での新銀の封包も下ってきていない。
さらに三月十五日には、同様の町奉行からの問いに銀座は次のように述べている。

——正徳四年に新銀が仰せ付けられて、元字銀と二宝銀の歩間《ぶま》が定められ、取り扱いに高下があり紛らわしいので上書のことをお尋ねし、元字銀は「元丁銀百目」と、二宝銀は「宝丁銀百目」と上書し、表に銀座の印鑑を一つずつ押すように仰せ渡され、裏印などは右同様にしております。

これは正徳銀の発行に伴い、元禄八年以降に発行された改鋳銀について、元字銀と二宝銀は区別され、永字銀・三宝銀・四宝銀は一括して通用銀とされたこと、慶長の古銀は通用銀の十割増（つまり、慶長銀百匁には通用銀二百匁を充てる）、元字銀は通用銀の六割増、二宝銀は通用銀の三割増、と決められた。そのため元字銀以降を一括して封包していたものを、この際に元字銀と二宝銀を区別して封包の上書を決めたのである。そして正徳四年発行の新金銀に関しては、封包の上書に、「新丁銀」・「新金」とし、表に銀座の印鑑を押すようにするべき旨、藩の年寄から銀座へ仰せ渡されている。それらの様式は銀座より富山・大聖寺藩と領内六ヶ所の天秤座へ案内されている。

## 2——改鋳貨幣の交換

正徳三年（一七一三）六月四日に、算用場奉行の佐藤仲左衛門と堀孫左衛門両人から、銀座二人へ呼び出しがあった。内容は、今般引免《ひきめん》（不作のために年貢を減ずること）があったために、藩財政の補塡に算用場の銀子半分を出した、それで算用場で必要分を当分のあいだ役銀所から借りることになった、老中の会談では役銀所にある元字銀と二ツ宝銀を通用銀に引き替えて貸すことに決まった。それを聞いた算用場奉行は引き替えは銀座を通じて行う許可を得たので、二人が呼び出された、というのであった。

算用場奉行両人から、「元印銀ハ過分ニ歩《ぶ》有之様ニ申候。二ツ宝銀ニも歩有之由申候」、一般では元字銀の歩間は大きい、二ツ宝銀も歩があるということだが、と聞かれた。銀座の返答は次のようである。

御意之趣奉承知候。元印銀当春迄ハ百目に七拾目、七拾五匁迄も御座候由承申候。此儀も前々吹座御座候時節と違、爾々《しかじか》売買も不仕様ニ承申候。去共当春迄ハ長崎へ貫荷（抜け荷）御座候ニ付、密々ニ元印銀ひそかに段々ニ下り申候故、京両かへ（替）師段々ニ買請申候。然者《しかれば》頃日衣類御吟味ニ付、沙綾・縮緬過分ニ下直《したね》ニ罷成候故、長崎へぬけ荷買ニ遣し申事止申候ニ付、元印銀爾々売不申様ニ承申候。其上京都当春御触ニて灰吹銀・上銀何国ゟ売ニ参申候共、其度々ニ何国何某何銀何程売可申と申候ニ付、何町何屋誰買申と御奉行へ申上、其上ニ御指図を請買申様ニ被仰渡候。尤元印銀之事ハ御触ニハ無御座候へ共、右之通古銀之義うり買爾々無御座候故、唯今何程斗之歩合ニ御座候も不奉存候。二宝銀唯今歩間無御座様承申候。

銀座の答えは、元字銀は当春までは七十匁から七十五匁くらいの歩間があり、高値で替えられました。今では安値になりました。その理由は、春には上等の絹類の需要があり、長崎で中国から紗綾や縮緬を抜け荷し、その支払いに元字銀を使っていたために、京都の両替師は元字銀を求めていたのです。その後高値の衣類が禁止になって、紗綾などの需要がなくなり、それに伴って元字銀も買われなくなり、安値になったのです。しかも京都では当春のお触で、灰吹銀や上銀が売られると何国の誰がどれほど売ったか、またそれを何町の誰が買ったかを奉行に申し上げて指図を受けねばならなくなり、元字銀のことは含まれていないのですが、古銀の売買がなくなりましたので、引き替え値段がどのようか分かりません。二ツ宝銀は「歩間」はないと聞いております――と。

算用場奉行佐藤仲左衛門の話で、元字銀は全部で七百貫匁くらいの引き替えで、仲左衛門が聞いたところでは元字銀に限らず二ツ宝銀も歩間があるので、引き替えを命ぜられれば応じるという町人もいるとのこと、ともかく両替師のみでなく「上方へ歩替仕付申候者共」、つまり上方で元字銀を引き替えている者たちにもどのくらいで引き替える希望があるか問い合わせ、明日までに報告するように、とのことであった。銀座二人は算用場から帰って両町奉行にその旨報告、歩間が決まって引き替えを仰せ付けられたら報告すると申し上げ、許可を得、さらに町年寄の紙屋庄三郎へも報告した。

両銀座の両替師に引き替えの希望を聞き、何人かの町人にも希望なら五日の五ツ半（九時頃）までに値入り目録を出すように申し渡した。座付きの両替師の何人かは、引き替えの希望はないと返答してきた。昼まで待ったが調わず、算用場奉行との相談で六日まで待つことになった。六日に算用場へ、元字銀に誰がどのくらいの歩間を入れるかを一覧にした値図り（元字銀の評価値）目録を持っていくと、今度は話が急に変わって、七百貫匁と言わず、今は百五十貫でも二百貫匁でもよいので、そうすると値図りも変わろうから、その引き替えで希望を聞くようにとなった。それで値図りをした人々に再度聞き直すと値も違ってきて、八日に算用場に持参したのは次のような値図り目録であった。

一、元印銀百目ニ歩間三拾三匁六分　中屋長左衛門
同　百目ニ三拾三匁五分五厘　戌亥屋孫右衛門
同　四拾五匁八分　二口屋安兵衛
同　四拾弐匁五厘　能登屋九兵衛
浅野屋弥三右衛門

同　四拾四匁三分五厘　吉田屋庄八
同　五拾匁五分三厘　近岡屋五郎右衛門
同　四拾五匁七分六厘　田上屋次右衛門
　　　　　　　　　　　酢屋藤右衛門
同　五拾壱匁五分四厘　押野屋三右衛門

六月十日に算用場奉行が集まって、「押野屋三右衛門直入り高直ニ御座候ニ付、三右衛門ニ可被仰付候由」決定し、銀座役に伝達された。

右の値図り目録について言うと、歩間というのは、元字銀一に対してどれだけの加算歩合があるかということ。押野屋三右衛門の場合で元字銀百匁に対して、通用銀で百五十一匁五分四厘で買うということである。したがって、元字銀五十貫匁を受け取って七十五貫七百七十匁を支払うことになる。この場合、通用銀が正徳元年に発行された四ツ宝銀だとして計算してみよう。元字銀の銀含有量は六四％で、四ツ宝銀の場合は含有量は二〇％だと分かっている。元字銀百匁に含まれる銀は六十四匁、このときに換算された四ツ宝銀百五十一匁五分四厘に含まれる銀は三十匁三分八毛となる。もし銀含有量で正確に交換するとしたら、元字銀百匁に対して四ツ宝銀三百二十匁を当てなければならない。現実の貨幣流通の状況から言えば、四ツ宝銀はその銀含有量の少なさにもかかわらず、かなりの信用性を持って流通していたことを示している。結局この事情は、全国的に銀貨幣が不足していたので、銀含有量の少ない四ッ宝銀もかなりの流通性を持っていたということだと、判断してよい。低いものでは百三十三匁五分五厘で交換すると入札があったということは、四ッ宝銀のより高い信用性を示すことになる。

それにしても、先ほど述べたような、元字銀の交換率が悪くなった事情として説明されていること、つまり日本で高級絹物の需要が高く、中国からそれらが密輸入され銀貨幣が対価として密輸出されていたときには、銀含有量がより正しく求められたために元字銀は需要があって、高値で交換されていた（元字銀百匁に対して百七十五匁ほどの交換）が、高級絹物に対する禁止令が出されたために輸入が減って、元字銀が安くなってしまった、という事情は興味深い。

そもそも幕府の方針は、元字銀も四ッ宝銀も同価で交換せよ、ということであった。ところが藩は所有する元字銀の交換に当たって、同価とは逆の、より歩合のよい交換率を求めているのである。幕府の意図とは逆の立場をとっていることに注目したい。さらに、流通界では幕府の意図とも藩の意図とも異なる、流通界独自の状況が作られているのである。元字銀と四ッ宝銀は同価でもないし、藩が求めるような高値でもない。流通界ではより多くの貨幣が必要となっており、そのため四ッ宝銀は品質より相対的に高値で流通していたということである。

さて、押野屋三右衛門に決定し、十二日には算用場に浅野屋が出て、「元印銀之封、古封ニてもくるしかるましきか」と佐藤仲左衛門が聞いた。これに対し浅野屋は「元印銀、唯今取遣仕銀子ニても無御座候故、封之躰御座候而、ズレ破《やぶれ》無御座候者《そうろうは》、請取申ニて御座候半《そうらわんと》奉存候。去共、役銀所元印銀ニ封無御座候由承申候間、手兼《てがね》不申様ニ封被仰付候」と答えた。元字銀が古い封包でもよいが、封がなければ支障があるので封包したほうがよい、というのである。

押野屋が交換するのは元字銀百五十貫匁で、それを三回に分けて城中で交換することになった。一回目は六月十六日、押野屋は銀子七十五貫七百七十匁を小払所へ持参、千福《せんぷく》久大夫と中村清之丞（表納戸奉行）が受け取り、御土蔵手代の小坂屋七郎右衛門と太田屋平右衛門がこの銀子を改めた。押野屋に渡る元字銀は城内は騒がしいので銀座で改めることになった。元字銀五十貫匁は御婚礼所において、算用場奉行の佐藤仲左衛門と堀孫左衛門、それに算用場小頭の寺田伝左衛門のいるところへ、役銀奉行の板坂与三左衛門が持参、算用場の足軽二人が出て箱より出して積み置き、押野屋の手代が出て十貫匁ずつ一箱に入れ、五十貫匁五箱で受け取った。この銀子五箱と空き箱三つの御門出切手（城外へ出るときの許可書）に役銀奉行が印を押し、御会所御門番人にはこの切手を見せて通り、西町御門番人にこの切手を渡し城外へ出た。同様のことが六月二十二日と六月二十八日に行われ、押野屋の願い高百五十貫目がすべて交換された。

これ以前、六月十四日に両銀座が算用場に出たときに、佐藤仲左衛門から、値図り目録にはなかったが、野町の酒屋覚左衛門・同町山科屋庄九郎の両人が元字銀の交換を願い出ていて「以之外宜候間、是ニ可被仰付候」、高値の交換なので両人に命じよう、年寄衆へも話しておく、と言われた。酒屋と山科屋両人の札を渡されたが、そこには、三百貫目を十月までに仰せ付けられるようなら百匁に付き歩間五十六匁二分五厘の引き換えにする、とある。福久屋の覚書には、「酒屋覚左衛門・

山科屋庄九郎ハ出入申御方有之、手筋を以申上候様ニ相見へ申候。夫故《それゆえ》上ゟ済申躰ニ存候」とあり、酒屋らは年寄前田美作守孝行に出入りしていて、その筋から話をしたようで、入札ではなく上から決まったようだ、としている。

同日に酒屋と山科屋を手紙で呼び出した。そして元字銀を受け取りたいときには二、三日前に両銀座の誰かに連絡するように、その際は何日に銀子どれくらいと紙面に書いて連絡するように申し渡した。もちろん交換は同時に行われるので、元字銀と交換する銀は「新封」にし、銀座の名印《ないん》（封包のとき押す銀座役の公印）で仕上げておくように、とも申し渡した。その後、町奉行に次のような紙面で連絡し、了承を得た。

元印銀三百貫目
　但百目に歩間五拾六匁二分五厘宛
当十月切
　　　　野町　酒屋覚左衛門
　　　　同町　山科屋庄九郎
右引替奉願被　仰付候。

この意味するところは先と同様、元字銀百匁を通用銀百五十六匁二分五厘で交換するものである。
そして七月八日、三百貫匁願い高のうち、初回分として元字銀二十貫匁と新銀三十一貫二百五十匁の引き替えがあった。具体的な手順は押野屋の場合と同じである。

七月晦日、酒屋・山科屋の二回目の交換が行われた。元字銀二十貫匁を受け取ったなかで、封箱の内ですれて破れがあり、小玉一つが出ていた。泉屋武右衛門が改めてこの箱の内から破れ封を見つけ、秤に掛けると不足しており、この小玉を入れるとちょうど百匁になったのである。その後の手順は順調に行われた。これ以降、この引き替えに関する記載は見られないが、多分、順次元字銀三百貫匁が引き替えられたのであろう。

以前、算用場の必要経費として役銀所から元字銀と二ツ宝銀を借りて、両者を通用銀に替える話があった。それに対して銀座からは次のような文書が出されている。

覚

一、二宝銀引替可被仰付候間、歩間承立可申上旨被仰渡奉承知、則両替師中其外相尋申候所、過分之銀高、此節引替申望人、且而《かつて》無御座候。以上。

巳六月六日

銀座　新右衛門

同　次郎兵衛

佐藤仲左衛門殿

堀　孫左衛門殿

この書状は六日の日付だが、文中に「晦日ニ此紙面上ル」とあり、実際は六月末に提出されたようだ。

それにしても、多額の銀貨幣を交換しうる、いわゆる資本力を持った城下の町人たちが大勢いたということに驚かされる。彼らは交換した元字銀を有効な方法で利益を得る元手にしたのであろう。

同じ正徳三年九月十九日。

——町会所より呼び出しがあり、浅野屋が出るべきところだが持病が起きたので福久屋に依頼し、福久屋が罷り出る。普請奉行衆よりの紙面を町年寄の香林坊三郎右衛門が見せる。普請方の御用で元字銀を少し引き替えたいので、歩間はどれほどか、銀座中から書付を明日出すようにとのことである。帰って両座の両替師を呼び寄せ聞くと、全員が元字銀百匁に歩三八・六五匁宛てなら二十貫匁引き替えようとのこと、書付一通にして両座両替師口之番両人の紙面を出させた。明日、町会所へ行き、香林坊に渡すつもりである。

先に紹介した六月の目録と比べると、元字銀の安い引き替えに相当する。一概に言えないが、三ヶ月で元字銀は多少安くなっているのかもしれない。

ただし、正徳四年八月に正徳銀（慶長銀と同じ高品質の銀）が発行され、そのときの幕府による触では「元禄の銀は、只今通用の銀に六割増、右元禄銀壱貫目にハ、只今通用の銀壱貫六百目を用ゆへし」(『御触書寛保集成』)とされて、元禄銀百匁では歩間は六十匁とすべきだとされている。ここでの通用銀とは元禄八年以降の改鋳された元字銀と二宝銀を除いた、永字銀・三宝銀・四宝銀を指している。加賀藩の先の事例に比べるとかなり高い歩間で、この触が実際に通用したかどうか疑問が残るが、触では元字銀がかなり高値に位置づけられたことは確かである。

また、「銀座覚書」には以下のようにある。

――正徳五年八月十六日、町会所で普請会所奉行の紙面を見せられた。そこには普請方御用で「元印銀」(元字銀)を少々引き替えたいので、新銀にて歩間どれほどで引き替えるか、両替師に相場を書き出させるようにと言ってきていた。町年寄の紙屋庄三郎に銀座から言ったのは、「先般もこのようなことがあり、両替師が相場入札したところが、両替師の柳橋屋孫右衛門の入札と一分(一匁の十分の一)違いで他の者に仰せ付けられた。このようにほんの少しの違いで他の者に仰せ付けられ、両替師相場を「あしゝろ」(足場)と考えて外に仰せ付けられるようなら、両替師で入札する者はいません。入札の札を即席に開いて高値段の者に仰せ付けられるようなら入札する、と言っております」。福久屋がそう言うと、町奉行は、そういうことなら、再度普請奉行に聞いてみよう、ということになった。

その夜に町年寄が来て、普請会所奉行と町奉行の手紙を持参し、即席に札を開いて高値の者に申し付けるから十八日に入札しようとのことであった。それで両替師中にその旨の廻状を出した。結局、町中に入札の触れを出して二十日に行われ、銀座の両替師からは三人が参加したが、両替師以外の山崎屋三郎右衛門に決まった。

なお、この件における元字銀と交換する新銀とは、正徳四年に発行された正徳丁銀ではなく、それ以前の三ツ宝銀か四ツ宝銀であろうと考える。先に述べたように、正徳六年三月の段階で銀座に正徳銀の封包が出されたことはない、とあったように、正徳銀の出回りは遅く、金沢辺ではこの時期にはまだ正徳丁銀は出回っていない。

## 3——銀座と両替師

銀座の役割のなかに、藩からの金の御用を引き受けること、というのがある。これは直接的には銀座が抱えている両替師に銀に替えて金を調達させることである。金銀相場は両替師仲間が相談のうえ決めて、毎日銀座へ報告、適当な相場かどうかの銀座の承認を得て相場帳へ記入する。口番《くちばん》両替師（当番の両替師）は毎日銀座へ勤務に出る。その相場に合わせて、藩から金の御用があったときに、金を調達し両替師の受取手形に銀座奥書を添えて、小払所より代銀を受け取る。

例えば、宝永六年（一七〇九）六月十日に藩の小払所より金で一歩金三十切れを入用だと言ってきた。このときには福久屋座の両替師三河屋十右衛門が任務に当たり、一歩金を十四匁二分五厘で両替することとして三河屋の手代が小払所へ持参した。手代は引き替えに銀四百二十七匁余りを受け取った。

同じ六月十二日には、小払所から浅野屋座に十四日までに一歩金を百切れ用意するように言ってきた。前回と同様の両替率で百切れを用意した。福久屋座からは柳橋屋孫右衛門、浅野屋座よりは稲川屋平右衛門が小払所へ持参、銀一貫四百匁余りを受け取っている。藩からの依頼は主に、儀式用に用いる判金（十両大判）とか一歩金などを揃えることであった。

正月には藩から金の御用が多い。ここでは正徳二年（一七一二）の事例を挙げる。

正徳二年正月朔日夜五ッ時（八時頃）、一歩金を百切れという御用で、両替師の柳橋屋孫右衛門が代銀一貫七百六十五匁で小払所へ売り上げる。

正月二日、判金二枚の御用、一枚代銀五百十匁替えで、福久屋の両替師戌亥屋孫右衛門と吉田屋庄八両人で小払所に売り上げる。

引き続いて、正月六日に判金一枚（代五百十匁）、十二日に一歩金百切れ（代一貫七百八十匁）、十八日に判金一枚（代五百十匁）を両替師が小払所へ売り上げている。

正徳四年四月上旬に大量の御用金を両銀座の両替師が銀に替えている。全部で判金六枚、小判は百両、一歩金は二千百切れになる。合計すると約四十七貫匁の売り上げである。

銀座の仕事の一つに藩の金銀の目利きがある。正徳四年二月にはその役務で藩で見つかった金の目利きをしたことがある。目利きをするのも銀座の両替師の仕事である。

　目利きした金は七つで、一つは金に銅が混じったものであった。七つのうち重いものでは十三匁六分の重さがあり、銀に替えると三百二十六匁四分で、金目一匁では二十四匁替えになる。小さいものでは金目三匁三分であった。両替師が町奉行に出した目利書《めききがき》には、「私ども目利仕候所ニ名目御座候金子とハ不奉存候」、目利きしたところ、慶長金とか元字金（元禄期に改鋳された金）など一般にある金子であるようには思われない、としている。また、両替師より町同心の才所又六に宛てられた書き上げでは、目利きした金には交じりがなく、元禄時代の金かとのお尋ねだが、そうではなく、元禄時代の金より格別良質な金である、としている。

　また、銀の改鋳が行われたとき、例えば元字銀が流通しているところに宝永三年に二ツ宝銀が発行されるが、このときに元字銀と二ツ宝銀を交換する（これを歩替《ぶがえ》という）のは両替師の役割である。新しく改鋳された銀が発行されると、江戸・京都・大坂に引替所が立てられ、公的にどう歩替するのか明らかになることもあるが、引替所が立たない場合もある。

　宝永三年に発行された二ツ宝銀が金沢城下で急速に流通しはじめたのは宝永六年六月である。その際、両替師は銀座を通じて町奉行にどのような歩替をしたらよいかを問い合わせている。返事は、そのうちに流通界で自然に歩替が決まるであろうから、というものであった。宝永六年の六月二十日に銀座から両替師に宛てて次のように言っている。

京都ゟ引替座不相極《あいきまらざる》以前、歩替仕間敷《つかまつるまじき》義共御触無之候。又者《または》自分歩替之分御構無之共、被仰渡無之候。然共只今歩替町中一統ニ仕候得者《そうらえば》、各無用共此方ゟ指止申義も難仕候。

このときには、「今年丁銀新古之相対歩替有之候」、元字銀と二ツ宝銀の歩替が多くあるという事態にもかかわらず、歩間が決まっておらず、銀座が歩替をして良いとも悪いとも言えない状況を示している。またこのとき同時に、銀座で歩替をしている両替師が、依頼者の古銀（品質の良い銀）と新銀（品質の悪い銀）とを陰で取り替えることもあり、銀座はそれを戒めている。

さらに、正徳四年五月に改鋳された正徳銀（慶長銀と同品質）の交換をめぐる事案を紹介しておこう（「銀座覚書」）。

――正徳五年十一月十四日に、両替師に御用があった何切れかの一歩金の代銀をもらいに、両替師手代が小払所へ出向いた。小払所では支払い銀のなかに新銀（正徳銀）が一貫目ばかり入っているということであった。手代は新銀を渡していただいても城下では通用していないので、ほかに使えず迷惑である、と申し上げた。小払所では、それではと通用の四宝銀で渡してくれた。そのうえで小払奉行が言うには、新銀を引き替えたいので両替仲間に申して引き替え銀を持参するようにとのことだった。帰ると手代はそのように両替仲間中に伝えたが、誰も新銀を引き替えようという者がいないので、手代はまた小払所へ引き返して、望み人がいない旨を申し上げた。小払奉行は、それならば引き替えできない旨の口上書を持参するようにと言ったが、手代は、それは両替師にはできないので、座本（銀座）に申して口上書を上げるようにしましょう、と申し上げた。二度目に手代が来たときには会所奉行（藩主および奥向きの物品出納、幕府への進上品などを扱う役所の奉行）が出てきていた。そこで会所奉行が、それでは銀座に口上書を書かせて出すようにと言った。手代は、今日はもう会所も閉まるので明後日お返事しましょうかと申し上げると、会所奉行は、それでは明後日口上書を持参するようにと言った。両替師はその旨を紙屋又兵衛（銀座役。正徳四年に浅野屋次郎兵衛と交替）に言い、又兵衛が福久屋に相談に来たので、町奉行にお伺いしようということになった。両人で津田織部（正徳二年に小塚八右衛門から交替）へ罷り越し、様子委細を申し上げると、明後十六日に町会所へ出向き前田兵右衛門に相談するようにとのことであった。十六日に町会所へ出ると、両町奉行は二ノ丸へ出かけてお帰りではない。そこで又兵衛が相談のうえ会所へ出かけて様子を聞くと、たいしたことではない、「只今通用末《（未カ）》無御座候故、引替申義難成候由」を口上書に書くようにという仰せなので、又兵衛が帰り、両人で下書きを書き町年寄に見せて了解を得、口上書を両人で会所へ持参し、事がすんだ。会所奉行へ出した口上書は左のようである。

一、新銀引替候様ニ被仰渡候へ共、未新銀御当地通用無御座候故、引替申候而茂《（ても）》はふき可申様無御座候故、引替申儀望無御座候由、両替師申候。以上。

未十一月十六日　　　　　　　　銀座　又兵衛　判

同　新右衛門　判

御会所

以上のように、二ツ宝銀の発行に伴って、歩替に関して藩側が対応を指示できずに両替師の側で混乱が起きたり、正徳銀の場合はその通用性がないことから両替師が引き替えを望まなかったりなど、改鋳貨幣の発行に伴う両替師のとまどいが生じていることが分かる。

次に紹介するのは「銀座一件」にある両替師の覚書で享保四年（一七一九）四月のものである。この覚書は銀座に出向いて両替をしている両替師に対する銀座（当時は三人）からの注意事項である。これは町奉行が金森内匠のとき改めたものである。

一、金銀の両替は銀座以外の場でしてはいけない。急な藩の御用や家中急用の節は昼夜に限らず両替師の自宅にても差し支えないよう両替し、翌日銀座に申し出ること。

一、小判の両替や一歩金の歩替《ぶがえ》の際は、定めの相場で両替するよう。両替師の他に両替したり、相場以外の両替があったりしたら銀座に申し出るように。

一、大豆板銀を小粒銀などに両替する際は、そのときの様子を考え銀座と相談して手数料を決めるように。それ以外に手数料などに紛らわしいことがあったら、すぐに報告するように。

一、銀座の封包の場に居合わせて問題を起こさないように。銀座で封包人が多く差し支えていて銀座の手代に頼まれることがあっても馴れ合って手伝うことのないように。

一、見知らぬ者が金子の「はづし・つぶし・目貫き」（異形なもの）などを両替に来たら、宿を見届けるか請け合い状を取って両替するように。疑わしいところがある者は早速報告するように。

一、両替の際に前もって代銀を受け取り、後に金子を渡すか、その逆に金子を渡しおいて、後に代銀を受け取るかで、少々値段も変わってくるだろう。ただし、手付けを取って商売する際は紛らわしいことがあるようだ。今後は紛らわしいことをしないように。

一、両替師が銀座へ両替師の手代を出して両替させているようだ。今後、手代の間違いがあれば主人の両替師が申し訳することもできない。主人の両替師が銀座に出て両替するように。右のように勤めること。この他、心得難いことがあれば三銀座を通して町奉行に申し出、指図を受けるように。もし紛らわしいことがあれば処罰する。

この享保四年四月の両替師定書に対し、両替師仲間中で定書の趣きを守り、後ろ暗いことをしないことを起請文で応えている。

四項目の、たとえ銀座手代が、銀座の封包が忙しいからと手伝いを頼んでも、両替師は応じないように、という定めについては、前述のとおり実際こうしたことがあったようで、「銀座覚書」の記述にも、そういう間違いを銀座自身が犯した事例や、両替師に手伝いをさせるようなら町会所で誓紙を書かせるべきだ、と町年寄が発言したという記事もある。銀座が本当に忙しいときには銀座役自身はもちろん手伝い、さらに、つい両替師に手伝いを頼むことがあったようだ。

なお、両替師の誓紙署名は町会所で行われるが、次に「銀座一件」にある宝永五年（一七〇八）閏正月の誓紙の内容を紹介しておく。

一、金見御用の節、当番の者が油断なく目利きを勤めるように。もちろん売り上げの金子の疵《きず》を吟味すること。

一、毎日、両替相場を立てることについて。両座のうち御用番の銀座へ集まり、相談し高値にならぬように相場を立てる。ただし、過分に高下があるときには、仲間が相談し座本（銀座）に断って、その日のうちでも相場を立て替えるように。ただし、私欲にかられた相場を立ててはいけない。

一、家中の両替については、今までは仲間内で競り合い売り上げていたので、間違いが出てきたりしていた。今後はその日の両替相場に従い、一厘も違《たが》えず売り上げるように。しかし、買い受け値段についてはその日の相場より良い値段で買い受けるのは問題ない。

一、只今まで両替師の他に脇両替している者がいるので、その人々を両替師仲間で書き立てておいて、今後その者へは一切金子売買をしてはならない。

一、銀座へ金子売買に来る者がいると、両替師が幾人も互いに競り合うので混乱が起きる。今後は一人に買わせ、改めて割り符売買する（利益を均等配分する）こととする。両替師の手代たちが末々に行き、同様の競り合いが起こる場合、やはり利益を割り符にし順道に商売する。
一、脇両替する者を聞きつけたら即刻仲間に案内し詮議をする。すべて仲間の定めに反したら、座本に断って指図次第では仲間から除名する。
一、佐渡の上銀や山吹銀（灰吹銀）などを他国より売りに来たら、望みの両替師は売り主の旅宿へ行き、その場へ行った両替師どもが買い受け、割り符して高下ないようにする（利益の均等配分）。もちろん掛け賃（銀の秤量手数料）は取り決めのように即刻銀座へ出すこと。
附、佐渡の上銀は買い受けた者方より両替師仲間中へ百目に付き二分ずつ利潤を出し配当すること。

藩御用の精勤、両替相場の立て方、両替するとき両替師同士の競り合いを避けるための利益の均等配分、脇両替の排除などの内容となっている。

新たに両替師が加わることがある。正徳四年五月、材木町塩屋又兵衛の次男太兵衛が五月十日より両替に加わりたいとのことで、町会所で町年寄の取次で町奉行に許可された。両奉行所へ福久屋は太兵衛を同道してお礼を申し上げ、町会所へも挨拶に出た。その後、十一日に太兵衛と手代の宗兵衛は両替師仲間の誓紙を入れた。

正徳四年十二月に平栗屋十三郎が紙屋座の両替に出たい旨、又兵衛を通じて願い許可された。十三郎は紙屋が同道して両町奉行にお礼に廻った。その際、両替師の場合は銀座の御用番に関係なく、当該座から願い出ることにすると改めて決めた。正徳五年一月には、両替師三河屋十右衛門が倅の善左衛門を福久屋座の両替に出したいとのことで、両座両替師の納得を得たうえで紙屋座に連絡した。そして町会所で町奉行の許可を得たので善左衛門を同道して町奉行宅にお礼に参上した。

享保元年五月、両替師で、下今町越前屋六兵衛の倅の吉兵衛は、今度、道願屋木端の孫婿養子になるので両替師を辞め、代わって親の六兵衛が両替師を勤めたいとのことで、福久屋は十日に願書を町奉行に提出した。

銀見や御土蔵手代と異なって、両替師の場合は町役人ではなく、より独立した存在なので、新規参入も簡単な手続きであったのであろう。

両替師はまた、他出するときも銀見などより簡便な手続きで可能だった（「銀座覚書」）。

――正徳五年三月十日に両替師本吉屋宗右衛門が十二日に越中高岡へ用事で出かけたい旨の願書を出し、御用番の銀座役紙屋又兵衛が町会所へ持参、町奉行から許可をもらった。この際、又兵衛が町年寄に相談したのは、東ノ御丸御土蔵金見両替師（両替師は城内東ノ丸土蔵金見御用も勤めていた）が遠方へ出かける度に書付をもって願い出ることに両替師は迷惑している、町の組合頭のように銀座役が両替師の願いを聞いて口頭で町年寄に報告するのですませてほしい、ということだった。それに対し町年寄は、確かに毎日用事がある組合頭でさえ肝煎が聞いて小紙（簡単な書付）で町年寄に連絡している。東ノ丸の御用は毎年あるわけではないのでそのようでも差し支えないだろう、と言った。そこで、今回の本吉屋宗右衛門の書付を町奉行に上げるついでに、そのことを相談したところ、それでよかろう、ということであった。早速その日に両町奉行にお礼に参上し、両座の両替師の口番両人に町年寄三人にお礼に行くよう伝えた。

両替師による両替の過程で問題が生じ、銀座役がそれに関わることもあった。正徳四年六月九日に発生したのが、両替師綿屋与左衛門が金屋半右衛門に小判百両を売り、代銀九貫二百二十匁を受け取るはずが、未払いになったという事件であった。綿屋の商いに紛らわしい点があり、違法な商いということで損銀扱いになるかと思われたが、両替師仲間のとりなしで、売買は明らかであるとして、半右衛門に決済を言い渡すことになった。

同年七月に両替師の戌亥屋孫右衛門が安江町の普正寺屋喜右衛門という者に小判百両を売って、普正寺屋は元字銀五貫四百匁に封賃を添えて家来に持たせてきた。元字銀・二ツ宝銀で小判を売ってはいけないという触があるので、孫右衛門は一応受け取ったが、後に詮議しようということになった。この結果の記述はない。

この触に関連して、両替師から銀座へ対して、藩のお屋敷方から小判の御用があっても、代銀に元字銀・二ツ宝銀を渡されるので、小判を売ることができない、差し支えが多いので、町奉行にお伺いをたててほしい、と言ってきた。伺ったところ、まだ売ってはいけないと言う。このあたりは藩内部においても町奉行には先の触が浸透しており、一方、藩の小払所などではそれと齟齬する行動がとられているらしい。

正徳四年に改鋳された正徳金銀の発行に絡んだ幕府の政策が右と関わっているようだ。次は正徳四年十月の「銀座覚書」の記述である。

廿四日町会所江罷出候。町年寄中江元・宝銀之事被仰渡候。香林坊三郎右衛門其外両人共ニ惣肝煎中江被申渡候。手前共へも被申聞候ハ、元印銀・二宝銀定之割ニて取遣仕候義、暫見合候様ニ被仰渡候。三宝銀・四宝銀ニて売買可仕候。其内歩合引下ヶ相対ニて取遣仕候義勝手次第ニ候。封附（封包）之事ハ唯今迄之通り封付候様ニ可仕由被申渡候。暫見合候事、江戸・京・大坂引替所出来仕候而取遣之義有之時分迄と申事ニて可有御座存候。右之被仰渡候趣、罷帰何茂両替師中江申渡候。

右は町奉行から町年寄に、そして町年寄から城下の惣肝煎と銀座へ申し渡された触である。その触は多分京都か大坂の町奉行の触に関連して出されたのであろう。元字銀と二ツ宝銀での売買は、三都の「引替所」が両様を取り扱うまでは通用を見合わせるように、との命令である。三ツ宝銀・四ツ宝銀での売買や歩間の扱いは勝手次第である、とされている。

両替師は自分の両替商売で京都に上京することがある。銀座の両替師は京都の両替師や両替問屋と関係を持っていたから、それらを相手に商売をしていたのだと考えられる。その際の記事を少し記しておこう。次は、宝永六年八月、両替師の商いの旅行願いに関する記載である（「銀座覚書」）。

――八月二十日、三河屋十右衛門が、京都に商売に上りたい、二十三日出立、十一月二十日に帰る旅程であると言う。自分（福久屋）らが持参して、町会所に上げ、願いのとおり許可された。以前は出立日、帰参日の記入はなかったが、浅野屋次郎兵衛からの申し出で記入したものである。先月は自分が御用番だったが、浅野屋弥三右衛門の湯治願いは次郎兵衛が町奉行宅へ持参した。それは浅野屋座の両替師であったからである。今度の三河屋は福久屋座の両替師なので自分が町会所へ持参し願い申し上げた。これ以後、この形式で行くことになった。

正徳三年一月に両替師の柳橋屋孫右衛門が二月二日出立、四月中に帰参の予定で上京したいので、御暇願書を提出、許可されている。御土蔵手代とか銀見と異なって、代わり人を立てる必要もないので、旅行期間にあまり縛りはない。

次の節と関わることだが、両替師は商用で京都へ行き、京都の両替商と交流を持ち、京都の両替事情を金沢にもたらす役割を担うことになる。

両替師の役割は主に、金銀の両替にある。この場合、金が入手しにくいとなると両替商売が成り立たない。したがって金の需要が多くて金が品薄になると、両替師の商売に困難を生じる。次に紹介するのは、そのような両替師側の事情が背景になっている。

## 4――小判の高騰と両替師

宝永八年（正徳元年・一七一一）三月から五月の金高騰の際の状況を見てみよう。

まず、元禄に改鋳された元禄金より品位の低い宝永小判（宝永金）は、宝永七年四月に通用が開始されたが、金沢で出回りはじめたのは翌年の二月である。そのときの事情は「銀座覚書」に次のようにある。

――新金（宝永金）が少々出回ってきたが、両替師は先へ売れないので買わないと言う。しかし、徐々に出回るだろうから、売買しないと支障が生じる。京・大坂の上方でも「歩間《ぶま》」があるので、銀座は両替師からの問い合わせでどれほどの歩間にするか町奉行に尋ねた。町奉行は、売り主と両替師の相対での売り買いになろう、多く出回るようになれば歩間も定まってくるだろうと銀座に言い渡した。銀座はその趣きを「被仰渡とハ不申、両替師へ申渡し候事」、仰せ渡されたとは言わずに両替師に申し渡した。

微妙な表現を用いている。幕府は元禄金と宝永金との同額通用を触れているにもかかわらず、藩を代表する町奉行は一向に釈然としない。幕府の意向も勘案する銀座役として歩間を公然と認めるわけにもいかず、微妙に申し含めたのである。しかし事実上は、上方での事情を踏まえて、藩にしても銀座にしても商人世界での歩間を黙認したわけである。

このような記述から、藩は元禄金と宝永金の歩間について両替師ひいては一般商人世界の基準を認めはしたが、それとは一定の距離を置いて両替師と向き合っていることが分かる。

ところで、元禄金銀への改鋳は、金のほうがより大きく改悪されたので、その後は金に対する銀高値の状態が続いており、宝永期の諸銀への改鋳（改悪）は、銀の高騰を抑制するものであった。そしてその結果、今度は金の高騰を生じた。

「銀座覚書」の宝永八年三月十日には次のような記述がある。町年寄紙屋庄三郎取次による両銀座からの町奉行への報告である。

――最近小判が予想外に高値であり、九日の相場は小判一両が六十二匁七分から九分（相場はこのようにほとんどの場合、二分の間隔で定められている）で、今後も高値になるはずである。京都は六十二匁七分で江戸は六十三匁三分ほどだと両替師たちは言っている。ただし、江戸相場は確かではない。近年にない高値なのでお知らせする次第である。今は船手（船の運送代）へも小判が多く入用となり、京都には少しずつ方々より小判が入っているが、金沢同様に買い手が多く、売り小判は少ない。

以上の報告に対し、町奉行は事情は了解したと返答している。さらに町奉行は、新金と古小判との歩間はいかほどかと質問し、銀座役は、古小判はもってのほかの高値、現在は中古小判と新金との歩間は一匁七分から八分もある、新金は六十一匁くらいだと返答した。町奉行は了解したとのことであった。

小判についての町奉行と銀座役とのやりとりから、高値になっている小判とは元禄金（「中古小判」）のことであり、宝永金（「新金」）ではないことが分かる。

三月十一日、六十二匁八分から六十三匁の相場が立ち、十一日・十二日の両夜に両替師が福久屋座で寄合を行った。両替師たちが寄合を持って相場決定していると考えられる。次いで、

——十三日に六十三匁一分から三分に相場が立った。金沢の両替師宛ての京都からの書状では、京都の三月一日の相場は六十三匁九分五厘だと言ってきた。福久屋座の両替師の本吉屋宗右衛門がその書状を福久屋に見せに来たので、浅野屋へも見せた。しかし、「先詮儀も不仕、其分ニいたし置候」、つまり両銀座役で相談せずに、相場をそのままにしておいた。

後に分かることだが、両替師たちは京都の相場に合わせて相場を上げたいからこそ、京都からの

書状を銀座役に見せたのであるが、銀座役の判断で相場を変えなかったということになる。相場を変える際にあまりに変動が大きいときには、銀座役が介入したのである。

——十四日に本吉屋が福久屋に来て言うには、昨晩「上方より問屋中へ飛脚」が来て、小判が大上がりして六十六匁余りになっていると連絡してきた、今朝から城下の問屋中が駆け回って小判を買っている、とのことだった。福久屋座の両替師のところへも上方から書状が来ている、と言うので持ってきてもらった。書状は十一日夕刻に出したもので、相場が俄《にわか》に六十五匁七分から八分になり、末々の脇相場では七十匁にもなっている、とのことであった。その紙面を浅野屋次郎兵衛へ持参し相談したのは、上方でこの相場なのに、当地で下値の相場のままにしておいたなら、明日十五日の飛脚で小判が大量に上方へ上ることになる、だから相場を六十五匁五分に上げるべきだ、ということで、町年寄の承認を得て、町奉行に報告に行く。

町奉行からは聞き届ける旨の返答があったが、上方問屋からの紙面を見た町奉行は、「不興成儀ニ思召候」と、快くは思わなかった。町奉行のもとから帰って、早速両替師に申し渡した。

ここで注目したいのは、京都では基準となる両替相場と「末々」の脇相場が立っているということであり、藩では基準相場を考慮の対象にしているということである。上方で幕府に結びつく両替仲間の打ち出す両替相場が、加賀藩にとっても拠り所となっているのである。そういう上方基準が、両替師を通じて加賀藩の両替相場を規定している、と言える。

さて、上方の金の高騰について、町奉行（藩側）は快くは思っていず、金沢での高騰も認めたくはない。が、金が金沢で払底することは藩にとっても不都合なこととなる。銀座はそれを汲んで、小判が藩から流出することを避けるために、便宜的に小判値段を上げたのである。上方相場に規定されつつも、藩はここでは一つの経済圏を作っている。藩にとってもだが、両替師たちに代表される商人世界では、小判の払底は死活問題であり、避けたいところであった。藩に指名された銀座役の相場の上げは、小判流出を避けるための便宜的な手段だが、両替師たちにとっては商売存続のための重要問題であった。そのために上方との情報ネットワークを持っているのであり、銀座役は彼らから一方的に情報を得ている。

――十五日に両替師に様子を聞いたところ、十四日に高値の相場を決めたのはよかった、今日飛脚によって京都に上った金は千両足らずであった、十四日に相場を上げなかったなら小判の一駄くらいは上っていただろう、と三度飛脚（月に三度、金沢・京都を往復する飛脚）所の者が言っていたという（一駄は三十八貫匁で、小判は一枚四・三匁ほどであり、一駄とすると九千両近くになる）。

領内の経済状況としたら、安堵できるものであった。

銀座は両替師の申し出で、金沢で金が払底しないように、上方との値段を見合わせて両替価格を決定する。ただし、これは常時ということではなく、急な変動、想定外の両替価格が現れたときに限られると言える。大枠では両替師集団も銀座の管轄下にあるとされるが、主体性は両替師仲間にある。

城下町人の金融集団のトップは銀座であるが、実権は両替師仲間にある。両替師は領内における両替価格を仲間内で決め、上方の金融集団とのネットワークを持っている。この時期には金の需要が多く（金の価値が高い）、船賃（船手）でも金遣いが求められていた。金の領内における一定度の確保も彼らの力量である。そんななかで、両替師仲間が小判を上方より買い下して、領内の金貨幣の数量を確保したことが「銀座覚書」の記述から次のように分かる。

――四月十四日、小判が六十五匁三分から五分で払底したので、両替師仲間は相談のうえ、銀座に断って、京都に小判を買いに飛脚を遣わした。飛脚は小判を買って同月二十四日に戻ってきた。この間の事情は以下のようである。

飛脚は四月十六日に京都に到着、このときは京都の小判相場は六十六匁七、八分と高値であり、そこで飛脚の判断で二、三日様子を見て、十九日に六十六匁三分一厘で買い求めた。買い求めた小判の額は記されていないが、飛脚の駄賃などを含めると、一両が六十六匁六分一厘六毛となった。

買い求めた資金はもちろん両替師仲間で立て替えたのであろう。

——京問屋（京都両替問屋）の仕切り書面も持参して、右の価格になったことを両替師が銀座へ報告に来た。このときの金沢の相場は六十五匁五分で、両替師の購入した小判は一匁一分余りの高値となり、つまり両替師たちが損をすることになる。銀座役はそれを心得て、町年寄や町奉行に申し出、金沢相場を上げて六十六匁六分で売るように許可を得た。ただし、町奉行からは、近日中に相場を下げるように、とも仰せ付けられた。

ここで、金沢を中心とした領国の経済の安定化のために働いているのは両替師集団であることは明らかで、それを追認するかたちで銀座役や町奉行は動いている。ただし、町奉行に代表される藩は、小判が高値で推移すること、つまり相場の不安定を嫌っているのである。両替師たちは、商売を藩に認められるのと引き替えに、銀座で商売をすること、銀座で決めた両替基準（銀座相場）を守ることを強いられた。平生のときには両替師たちは自分たちで両替基準を作れるのであるが、市場に混乱がある場合には銀座の介入があるのである。

しかし、こうした両替師とは別に、銀座の外で私的に両替をする者たちがいる。遡って、三月十九日に両替師たちは、両替師以外の脇両替を禁止する旨の町触を願い出、実現している。事の次第は次のようである。

――同月十八日には両替相場を六十五匁七分から九分にしていたが、「わき〳〵以之外買《もってのほかかい》はやらかし」、脇両替で小判が高値になり、六十七匁三分から五分になった。両替師たちは、銀座相場が低いので小判を買う余地がない、相場を上げてほしい、と願い出てきたが、銀座役は相場を変えなかった。それならばと、十九日には両替師から銀座へ脇両替を禁止してほしい旨願い出てきたので、銀座は町年寄を通じて町奉行に、本町・地子町肝煎宛ての町触を出してもらった。そこでは「両替師之外《ほか》脇両替仕者有之候者、最前も申触候通、急度《きっと》越度可被仰付」とされていた。脇両替をする者には必ず罰を加えるというのである。銀座相場を守らねばならない両替師は、脇両替が盛んになれば圧倒的に不利な立場になるのである。

同年五月から始まった金沢での小判高値の状態のなかで、銀座の両替師は、銀座相場を守らずに脇両替と同じことをすることもあり、銀座の統制が利かない状態も起きた。

城下の小判相場が高値だという噂が流れると、銀座のとる行動は二つ、京都も高値であるという証拠（京都問屋からの書状など）があれば町奉行に掛け合って銀座相場を上げること、城下だけの脇々での高値相場ならば両替師たちが脇相場に手を出さないようにすること、この二つである。この五月の場合には、銀座が両替師に聞いたところ京都相場の高値の証拠はない、ということであった。そこで浅野屋座と福久屋座では個別に両替師たちに仲間証文を作らせ、脇売買をしないことを取り決めさせた。しかし、証文を作りながら、両替師の一部は脇売買をしていたのである。例えばある両替師は、一両を七十六匁余りで、二人の相手に各々四両一歩と二十両を売っていたし、他の両替師は、一両七十六匁の同基準で五十両を売っている。これは相当に高い脇相場であり、城下では投機目当てに高額で売買が行われていたことを示している。結局、両銀座役は両替師仲間を集めて不法な売買をしないよう申し渡し、両替師仲間の詫びを受け入れて町奉行への訴えまでは行わなかった。

銀座役が銀座相場を上げるには、単なる両替師たちの要望だけではなく、上方相場が上がっているという根拠がなければならないのである。先にも述べたように、上方相場は幕府と絆のある上方両替問屋が立てるものなので、銀座役としても安心して依拠できたと考えられる。領内相場だけのものならば、いたずらに経済圏を乱すこととして退けられただろう。幕府と上方両替問屋が為替で結ばれているのとは異なり、城下の両替師仲間は藩との絆を持たないので、違法な行為に走りやすかったと考えられる。

以上をまとめておこう。

まず前提として、金銀相場には、京都両替問屋に代表される上方相場がある。領内で銀座相場が立てられるのは城下を中心として加賀藩で一経済圏を作っているからである。ただし、両替相場が乱れるときには、銀座役によって上方相場に準じて銀座相場が決められるのであり、全く独立したものではない。

加賀藩城下で金銀相場に関して、四つの立場があったと言える。町奉行に代表される藩、銀座役、両替師仲間、脇相場を作る商人たち、この四つである。

藩は両替師仲間を管轄する銀座役を任命し、銀座役によって両替相場に介入しようとする。とはいえ、藩自体は両替相場に関し何の情報も持っていない。銀座役の申し出を認めるのみである。

銀座役は信用ある商人であるが、両替を商売にしているわけではなく、両替師仲間を通じて相場の情報を得、銀座相場を決定する。銀座相場は上方相場を基準にしているから、そういう意味では上方相場に従属している。両替師仲間を管轄する銀座役を藩が任命し、抱え込むことによって、領内両替相場は上方に連動し、それなりに安定して維持できたのである。

両替師仲間は通常は銀座相場を決定する。さらに上方の両替問屋とネットワークを持ち、小判を上方に一方的に買い上げられるのを防いだり、小判を京都から買い入れるなど、領内貨幣の安定に積極的であり、責任を持って動いているとも言えるほどである。それはもちろん、両替師という彼らの職業からくるものである。ただし、彼らは上方の両替商と異なり、領主（藩）との関係は薄く、藩（銀座役）からは違法とされる脇両替に手を出すこともある。

四つ目は脇相場を作る城下の商人たちである。彼らは上方の両替相場の情報を持ち、領内相場と比較しつつ、かなりの資金力で儲けを狙っている。彼らは藩公認の両替師ではなく、したがって銀座相場を守る義務もなかった。彼らの脇両替は藩が禁止するところではあるが、藩は彼らの追及に熱心ではない。脇相場の高値から彼らの経済力の大きさが分かるが、残された史料からは最も見えにくいものである。

四つの立場のなかで、貨幣に関しては銀座は上方相場を基準とした立場をとっている。それは全国貨幣の動きにほぼ無関心な藩とも異なり、勢い自己の利益を追求する両替師とも異なっている。経済の要となる貨幣においてこのような立場の銀座は、全国経済と密接に結びつく領内経済の安定に大きな役割を果たしていると言えよう。

## 5――為替業務

為替《かわせ》もまた銀座の業務の一つである。金沢から京都への為替制度は、既に寛文二年(一六六二)に藩の仕組みとして始まっている。それによると、為替銀裁許人(為替を取り扱う業者、藩の出先の町人)が金沢堤町の尾張屋久右衛門に決められ、為替銀をしたい(京都に為替で送金したい)者は裁許人の仲介で諸方銀奉行に銀を渡し、その諸方銀奉行の受取手形に、京都の誰それへ銀を渡すということを言い添えて、これを町奉行御用人から上方奉行へ折紙として送る。このとき、為替を送る人は領国貨幣の朱封銀で支払い、京都の受取人は丁銀で受け取ることになるので、品質の差額が二%分ある。このうち、一・八%は依頼人に、〇・二%は為替裁許人が得ることになる。ここでは手数料は全く勘案されていない。

この寛文二年の為替のやり方は、時期は未詳だが変更され、為替銀裁許人が銀座に代わることになった。

先に紹介した元禄八年（一六九五）二月の銀座の役割を記した定書の一箇条は、

京都為替銀百目について「歩間五分之内、四分は為替人取之、一分は弥右衛門・喜兵衛・吉兵衛可取之事」。

とある（文中三名は銀座役）。ここでは寛文二年の事例同様に京都への送銀で、京都から何かを買った代銀を金沢で支払う例である。送銀には藩から〇・五匁（五分）の上乗せ銀が加算されている。金沢から京都へ百匁送らねばならない者は、九十九匁五分を払い、また銀座に手数料として一分を渡す。京都での受取人は藩の京都屋敷から百匁を受け取る仕組みである。

つまり、大坂登米の代銀は江戸藩邸に送られる以外に、京都の上方奉行が受け取っている。上方奉行は受け取った登米代銀を藩へ送銀する際、現銀を運ぶより、為替を用いると便利なわけである。福久屋が銀座役を勤めていたときに、金沢―京都の為替金の案件が出てきた（「銀座覚書」）。

――宝永六年（一七〇九）四月十二日に福久屋は算用場奉行の奥村市右衛門（市右衛門は奥村支家の一族で福久屋と懇意である）のお宅に事前連絡しないでお見舞いに訪れた。幸いに奥村は在宅で、ゆっくりと話ができた。そのときに奥村がついでにと、次のような話をした。

近いうちに藩は上方より二万両ほどの借金をする。銀座から町奉行に為替願いを出すように。それを受けて町奉行より願書が出て、算用場の許可があれば、銀座を通じて町人へ為替を仰せ付けよう。

福久屋は「畏れ入り存じ奉ります」とお礼を申し上げた。奥村家を引き上げるときに取次の伴大夫《ばんだゆう》（奥村市右衛門の家臣）に会って奥村から言われたことを話すと、確かに藩の借金のことで為替がある、ということだったので、それなら相役の浅野屋へも話しておかなければならない、と申して帰ってきた。翌日に浅野屋にこの件を話すと、それは良いことだと言い、銀座が為替を取り扱う様子を話してくれた。が、浅野屋は為替を銀座から願い出るという事態は知らないと言う。そこで銀座の御算用簞笥や為替箱の中に関係文書がないかと探してみた。三通出てきて、一通は京都奉行から八十貫匁余りの続銀《つづきぎん》（藩の財政用語の一つ）の銀為替を仰せ付ける旨の老中から町奉行に遣わされた紙面、その他は京都奉行より銀八百匁余りを「町為替」に仰せ付ける旨の紙面、そしてその後に銀五百匁を同様に仰せ付ける旨の紙面、これらが見つかった。この三通を懐に入れ、十七日に奥村市右衛門宅に用事もあったので出かけ、三通を御覧に入れ、次のように申し入れた。

このような書類が見つかりましたが、銀座からの願書《ねがいがき》はなく、相役浅野屋も銀座から願い出たことは覚えがないと申しております。しかし、私はこのように心易く奥村様に出入りしており、今度為替のことをお聞きしましたので、お考えのように町奉行に銀座より願書を出しましょうか。

これに対し奥村は、少し待つように、改作奉行の堀孫左衛門が今、郡廻りをしており、彼が帰ってきたら、孫左衛門を通して皆に連絡・問い合わせをし、様子に従って町奉行へも案内しよう、昔とは為替の様子も変わった、吉兵衛が銀座役のときはいつも来て「為替はないでしょうか」と尋ねたものだ、と言った。そこで一件落着して帰ってきた。その日の夕飯後に浅野屋に出かけ、奥村の言ったことを伝えると、そうなれば都合が良いではないかとのことであった。

五月二十四日、富山藩主のご返金で両銀座が算用場に出ている際、堀孫左衛門がわれわれの前に来て、為替のこと、十分に経費など見積って委細に書き記し、町奉行まで書付を上げるようにと仰せ渡された。奥村市右衛門もお出でになり、堀の言うとおり十分に書いて町奉行に上げるようにと直々に仰せ渡しになった。両人はすぐに町奉行の小塚八右衛門へ出かけ、この件を申し上げると、このような重きことを銀座に直接言うとはどういうことか、決して為替留書など出してはいけない、と言う。再度堀孫左衛門へ様子を聞いて相談することにした。翌二十五日の夕方四時過ぎに両銀座で孫左衛門を訪れ、昨日の為替のことをとくと聞かせてもらい、そのうえで算用場奉行より町奉行へ仰せ遣わされ、町奉行から私どもに仰せ渡されるようにしてほしい旨申し上げた。さらに、為替のことは以前から町奉行から為替希望者募集の「町中御触」があるのです、と申し上げた。それで孫左衛門がおっしゃるには「いやそのことはよく分かっているのだが」、ただ今は何月為替何程あると分からないので町奉行衆へ言うことができないのだ、前々は分かっていたのだが、ただ今はそのようにぱっと町中へ触を出すようなことにはならない、例えば江戸へ金子十駄遣わすときも五駄ずつ二回に遣わしている、二回にすると費用も多くかかるのだが、二回に遣わす事例なので触れることもできないのだ、それで両人とくと相談して何月は為替金子何程と見積り致し、その他、歩合がどれ程とか経費など委細に見積りを立てて書き記し町奉行へ申し上げるようにと言う。為替は急には調《ととの》いにくいと聞いているが、急に仰せ付けたときに、これはできない、これは差し支えるなどと申しては調えられない、そうは言っても為替がかつてなかったわけではない、そのように為替のことを予め聞きたいとのことなのだ、言うようにお触にはできないので、その方どもかねて聞き立てておくようにと仰せになる。為替は急なことになるのですかと聞けば、京から江戸への為替は六十日切りである、江戸へ金子を遣わすには十二、三日あれば十分遣わせるはずだが、右のように京より江戸への為替は急ぎにはならないので、急に仰せ付けることになる、何月は何程為替があるだろうということを聞き立て、それらをとくと書き記して町奉行に上げるようにと孫左衛門は仰せになる。承知し難いとは思ったが、まずはとくと両人相談して申し上げます、と言った。そしてこのうち承り難いことがあれば重ねて伺って申し上げます、と言って帰った。何とも心得難いと孫左衛門にご返事しようかと思ったが、ひとまず帰って相談し、町奉行にも申し上げて孫左衛門へ申し上げようということになった。ともかく算用場奉行にしても孫左衛門にしても、為替のこと何時どれ程と言い難い、と言うのだから一向対応できない、ということで相談が決まり、町奉行に申し上げることになった。

その後、浅野屋から呼び出しがあり行ったところ、このような紙面を調えたので、この紙面を小塚八右衛門へ持参し相談の趣きを申し上げ、堀孫左衛門へはこの趣きを口上でご返事するか、または算用場奉行の言うとおり町会所へ紙面を出せということならこういう紙面になります、と両様のお伺いにしようと相談、紙面草案を浅野屋で調えて町年寄の紙屋庄三郎に相談すると、それが良いだろうと言われ、次のように調えて八右衛門に持参した。奉行は公事場から帰られておらず、取次の茂大夫へ事情を話して紙面を渡し、孫左衛門へ申し上げる返事も紙面の趣きと同じことで、万一町会所へ紙面を上げるとしたらこのような紙面になろうかと申し伝えてほしいと言い、さらに私ども銀座は押し立ててこの紙面を上げたいわけではないので、ともかく御意次第ですと伝えて帰った。

この顛末は次のようにまとめられる。藩では今度上方から二万両ほどの借金をするので、上方からその一部を町人為替で金沢に運びたい、そのために為替裁許をしている銀座にどういう方策を取ればよいか書き上げよ、と奥村や堀は言う。町奉行はそれに対し、算用場から町奉行へ、町奉行から銀座に書き上げを命じる、という手順になると主張する。浅野屋はいずれにしても銀座から上げるのはこのような書類になると提示した。

そのときに用意したのが、左のような内容の文書であり、この時期の京都―金沢間の金の流れを表している。

一、京都のお屋敷から金沢に取り寄せる御公儀金銀為替なら前々どおり銀座が勤める。

一、金沢の商人より京都に上せる金銀の額については何時どれ程と申し上げることはできない。心当たりがあってもその時々で為替より勝手の良い手段があったなら、たとえ約諾していても振り違いになることがあり、定まっていない。

一、銀為替については前から銀座に命じられていることで、歩合も定まっているので、そのとおりとする。

一、金為替については歩合の定めがない。銀為替における歩合と同じ割合とすると小判一両につき銀二分八厘（〇・二八匁）くらいになる。この二分八厘では為替を募っても集まるのは難しいだろう。小判為替は京都の金相場が高値で金沢が下値であればたくさん応募者はあると考える、為替歩合が良いなら京都と同じ相場でも為替望み人があると考える。それで為替の歩合を五分（〇・五匁）ずつと決めればよく、そのうちの一分を銀座で拝領したい。

一、銀為替の歩合である百匁に五分宛ては、為替手形銀高のうちにこの歩合も書き入れ、京都で為替主に渡る決まりである。銀座がもらう一分の割合はこちらで為替主から受け取る。小判為替の場合この件はどうなるのか計り難い。ただし、京都で小判為替は歩合銀を渡し難いこともあろうかと考えるので、一ヶ月切りに（一ヶ月まとめて）為替金銀高の切手で町奉行の裏印があるものをもって小払所から受け取ることができるようにしてくださるなど、この件は仰せのようにしたい。

一、金銀共に為替を急に引き受けるよう仰せ付けられても事が調いがたい。仰せ付けるのがはっきりしたら、何月から何月の間で仰せ付けるのでその間に為替があり次第何時とは限らず為替を仕組むように、と仰せ付けられれば、どれくらいとは言いかねるが為替はあるはずと考える。

右は為替のこと、算用場奉行様より私どもに図らずも仰せ付けられ、急には為替承り立て難きとのことで、かねて相談して申し上げるようにとのご内意を仰せ聞かされたので、有増《あらまし》を申し上げます。為替を仰せ付けると決まりましたら、すべて為替の仕様を具《つぶさ》に申し上げます。以上。

丑（宝永六年）五月　　　　　　　　　　　　　　　　　　　　　　　銀座　新右衛門
　　　　　　　　　　　　　　　　　　　　　　　　　　　　　　　　同　　次郎兵衛

――堀孫左衛門へ両人で会いに行ったが、持病の痛みで会えずにいたので、六月朔日夕飯後に両人で堀孫左衛門へ罷り越した。そこで為替のことは紙面に調えた事情を伝えた。孫左衛門は了承し、ただ算用場奉行の市右衛門が忌中のため市右衛門が算用場に出るようになったら書付を算用場に上げるようにとのことであった。

この件を小塚八右衛門に伝えたところ、そのように書付を遣わせば、町奉行所の「場の御格わるく」（町奉行の立場が軽く）なるのでしてはいけない、まずは算用場より町奉行へ紙面にて仰せ下さるか、または軽くご内状でも下さり銀座を差し越すようにとか仰せ下さるべきである。そうすれば紙面を出してもよかろう、この趣きを堀孫左衛門へ申し上げるようにとのことであった。

六月三日にたまたま堀孫左衛門が立ち寄られ、町奉行の言われるところを話したら、十四日に市右衛門がお出でになるのでご算用場から町奉行衆へ紙面を遣わすことになろう、とのことであった。この件を八右衛門に伝えると、私（福久屋）に、個人的に市右衛門殿と心易いようだが、公の場のことにそれが関わることはあるまじきことだ、役儀ある者は今度に限らず心得あるようにと言われ、畏れ入り奉る旨返答した。

「銀座覚書」にはこれに関してこれ以上の記述がないので、現実に為替金を組んだかどうか未詳である。

藩の蔵米は大坂で売却され、その払米代金・銀はおおかたは藩の江戸屋敷に送られるが、一部は京都屋敷に送られる。その京都屋敷から必要に応じて大坂払米の代金・銀が藩に送られてくるわけであるが、その送付は為替にしたほうが便利である。このときに利用するのが、一般に、大坂や京都で買い物をし代金・銀を加賀藩内、主に金沢で払いたい商人である。その商人が藩へ金や銀を払い込んで、京都屋敷では、その商人の商売相手に同じ額の金・銀を払うのである。

当時、金沢から京都への商人宛ての送銀がどの程度であったかは未詳である。ただ、藩が京都から金沢への送銀を金沢の商人為替として利用していたことは確かである。銀座の言い方のなかに、藩が取り組む為替以外の都合の良い方法を商人が利用する場合もあるという表現がある。これが藩以外の商人為替の存在を示すのか、現銀（金）輸送を示すのかは分からない。

これまで銀座が扱ってきたのは、京都屋敷からの銀送付に対応する、金沢から上方への銀為替である。ただし、今回の場合のように、藩が上方で借金をして、その借金を加賀藩へ送り届ける場合、一部を商人の金為替にしたほうが都合よく、金為替の有無を城下商人に問い合わせる事例が出てくるのである。このときには金相場が、京都で高値、金沢で下値であるとき、さらに為替歩合が高いほど、金沢で上方支払いの金為替を組む率が高くなるということであった。その場合、相場の高い上方へ金沢商人はより安く一定額の送金をすることができるのである。

実は、これと同様なことが、大坂―江戸間で行われていたのである。というより、大坂―江戸間で行われていたと同様なことが京都―金沢で行われていたと言うべきであろう。大坂から江戸への六十日切り為替は、西日本の幕府領からの年貢代金銀を大坂両替商が預かり六十日間の猶予をもらって江戸に送金（銀）していたわけだが、その際に江戸が上方から大量に消費財を購入している代金と相殺する、つまり商人が必要としていた為替に乗せたのである。大坂の両替商は年貢代の大金を六十日間所有するという特権を得て、それを利用して、商品流通を活発化させていた。大坂の経済活性化に大きな役割を果たしていたのである。

京都屋敷と金沢の為替制度はそれに比べれば額も少なく、可愛いものであったようだ。京都屋敷から金沢への送金量に見合うだけの商人為替がなかったようである。ただ、大坂―江戸間と同様のシステムが上方と藩の間に出来ていたことは、これまでほとんど知られていなかったのである。大坂で両替商が担っていたことを、加賀藩では銀座が仲介して行われていたのである。

さて、この章で見てきたように、改鋳貨幣の流通や改鋳貨幣の交換などの局面では、幕府と藩の結びつきはきわめて弱い、ということを理解することができる。改鋳貨幣の実質的な報告は加賀藩の江戸屋敷出入りの両替商によって行われ、改鋳貨幣を領内で安定的に受容するのは銀座を介してであった。一般貨幣流通に関しては藩は銀座を介してのみコントロールしていると言える。改鋳貨幣の交換においても藩は幕府の意向とは全く別の行動をしている。銀座を介して一般貨幣流通に働きかけ、一般貨幣流通の動きに合わせて藩は幕府の意向とは関係なく動いている。加賀藩では藩と一般貨幣流通の接点に銀座が存在する。一般貨幣流通を左右しているのは加賀藩では両替師や脇両替であり、他藩では両替商の動きが大きいであろう。ただ、両替師や両替商の動きもまた一般の経済動向、貨幣動向に即しているに過ぎないのも事実である。

銀座役は官僚的な役務として、藩と両替師や一般商人の接点で動いている。銀座役に就任するのは金沢の有力な商人であったが、有力さより実務の確かさが銀座役を支えていた。銀座役が接する藩が不合理な面を見せるとき、銀座役は不安定な立場に置かれる。銀座役がある種もろい立場であることは、次に紹介する福久屋の不運につながってくる。

# 第七章　福久屋の不幸

## 1――銀座の不運　発端

寛政十二年（一八〇〇）の福久屋伝六が町肝煎に提出した、福久屋の「由緒一類附帳」（案文）には、銀座役を拝命した六代福久屋新右衛門の、前に述べた咎と死について記されている。

享保二年七月廿八日奉願、薬種店之側ニ而銭見世《ぜにみせ》相開き申候。享保三年盆後之儀ニも候哉、銀座役之儀ニ付不念之趣有之、役義御取揚蒙咎《おとりあげとがこうむり》候由、此時一件不書伝候ニ付、委細之義ハ承伝不申候。享保四年十一月廿五日六拾弐歳ニ而病死仕候。法名行春と申し候。男子一人女子三人出生御座候。男子早世仕候ニ付、娘わさと申に、弟与右衛門せかれ十右衛門義ハ新右衛門甥ニ付、娘婿養子ニ仕申候所、十右衛門義も養父新右衛門同時ニ御咎被仰付候而、是又享保五年五月廿六日弐拾弐歳ニ而死去仕候。

由緒書では新右衛門が不念《ぶねん》のことがあり咎《とが》を蒙ったのを享保三年盆後ではないかとしているが、実際は後に述べるように享保四年（一七一九）の二月である。

こういうのを不運というのだろう。銀座役そのものが不条理な役柄だと言ったほうがよいかもしれない。銀座役の彼らは城下の町人として、町人や農民のお金（加賀藩は銀遣いだから銀だが）を封包するのだが、一方で、藩に納められる上納銀を藩の役所で封包もし、だから藩の役職も担っている。しかし銀座役は町奉行管轄下にあり、藩のいくつかの役所でのさまざまについても、町奉行に報告したり、許可を受けたりせねばならないのである。

これまで述べてきたように、銀の品質を調べたり、銀の流通状況を把握するのは町人に任せている。というより、流通の要である貨幣については流通に携わる商人や町人しかその状況を把握していないのである。それでも武士は、上の立場から、かたちだけ、それを統率しようとする。貨幣管理を藩から指名されて行う町人が微妙な立場に立つのは、基本的にはそんな内実があるからだ。

藩の経済政策に大きな役割を果たし、藩の役人としてさまざまな役所とのつながりを持ち、その役務に責任を持ちながら、なお町人として町奉行所の支配下に置かれ、報告したり許可を得たりしなくてはならない存在。そのあり方の矛盾ともいうべき複雑さが、福久屋が咎を受ける要因となっている。

福久屋は享保四年の初めに処分を受けるのであるが、福久屋のそのときの「銀座覚書」は残っていない。残っている「銀座覚書」の最終の日付けは享保二年の十二月七日である。

事の発端は正徳三年（一七一三）九月二十二日に起きた出来事である。この日に算用場より来るよう連絡があり、福久屋は出かけた。算用場奉行の佐藤仲左衛門が言った内容は次のとおりである。

役銀所へ当分前田新次郎懸り申候。就夫《それにつき》、役所へ罷出銀子懸《かけ》候事、自分之銀子さへ懸不申候所、唯今役銀所ニて自身ニ懸候事難儀ニ存候。

――「今度、役銀所に、当分の間、前田新次郎が関わることになった。ところが、彼は自分の銀子さえ重さを量ること（銀懸）はできないのに、役銀所で銀子の重さを自分で量ったりはできないと言っている（その理由は明瞭で、銀子を量るなどは武士にあるまじき行為と考えている者がこの時期にもいたということである）。組頭に相談したが埒《らち》が明かず自分のところに相談に来た。今までなかったことなので、新規に何かすることもできず、銀座に尋ねてみようと言ったのだが、どうだろうか。」

算用場奉行の佐藤仲左衛門はこう言った。福久屋は次のように答えた。

――「事情は分かりました。前々より小払所には隔日に御土蔵手代が一人ずつ出ています。その他に封包御用があれば、役銀所・出銀所・御会所・町会所、どこへでも御用次第に御土蔵手代を遣わしています。ただし、役所も多く要望が多い場合には銀座より銀見を出すこともあります。右の他では銀懸の役と称して手代を出すことはありません。」

佐藤仲左衛門は「そうかそうか、それで十分、そういう話を聞いたと言って新次郎に伝えてやろう」と言った。

仲左衛門は福久屋の話から、役銀所へも御土蔵手代を派遣できると判断したのである。

——この間の事情を、病気で算用場に出られなかった浅野屋に伝えると、まあよろしいように、とのことだった。

十一月十六日になって町会所から両人が呼ばれ、町年寄から町奉行の伝言として言われたのは次のことだった。

昨日、御城で小塚主水（前町奉行、当時馬廻頭）と算用場奉行が会ったところ、詮議のうえのことではなく頼み事なのだが、役銀所の銀懸に御土蔵手代を隔日に一人出してくれないか、と頼まれた。それで、そのように一人出すように。手代たちにまず申し渡し、その後に御土蔵奉行衆に申して、そのうえで奉行衆が何か言うようなら連絡するように。

十一月十八日、御土蔵の入立《いれたて》だということで、銀座両人とも出て右の事情を話すことにしようとの浅野屋からの申し出で、二人で御土蔵に出かけた。

御土蔵に出るついでに役銀所へも行った。十八日は御土蔵の入立で、以前から、入立の際は御土蔵手代どもは他の役所には出さないようにと言われているので、二十日から手代を出すことにする、という事情を話し、こちらから手代の勤め方を聞いた。すると、「毎日決まって要《い》るということでもない。支払日というのも決める例もないので、まずは隔日に一人ずつ出すように」ということであった。

諸方御土蔵へ行くと、毛利久左衛門ら四人の奉行が出勤、もう一人の奉行岩田弥介は病気で欠勤であった。手代を役銀所へ隔日に出すようにとの町奉行からの仰せを伝えると、毛利は「岩田殿が病気で欠勤なので、岩田殿が出られたら相談して町奉行に伝えよう。その相談が決まらないうちは役銀所へ手代は出さないように」と言われた。そこですぐに毛利の話の内容を町奉行に伝えると、町奉行の前田兵右衛門の意見では「岩田殿はいつ出勤するか分からず、それまで手代を出さないというわけにもいかないから、毛利殿の話にかかわらず二十日から役銀所へ手代を出すように」とのことで、これをお請けした。相役浅野屋が手代どもへ前田兵右衛門の話を伝えて二十日から役銀所へ出るように伝えた。

翌十九日に町奉行前田兵右衛門の考えを御土蔵奉行毛利に紙面で伝えると、返事は、昨日言ったとおりに岩田との相談を待つように、とのことだった。その趣きを再度前田兵右衛門に伝えたが、こちらはそれにかまわずに手代を出すように、とのことで、二十日から手代を出すことになった。

二十日に相役浅野屋が、前田兵右衛門の判断で本日より手代を出したことを町奉行津田織部に伝えると「一段の首尾」（よくやった）との仰せであった、と相役から伝えられた。

ところが、事態はそううまくはいかなかった。

――この後、町奉行と御土蔵奉行の間で二度ばかりやりとりがあった。御土蔵奉行は、納得がいかない、場合によっては年寄衆に伺いを立てる、と言うので、町奉行からも同様に伺いを立てようかとしていた。そこに入った調停者が、そういうことならば調整することができる問題だから、年寄衆に伺うという事態にならないですむようにせよ、と言うので、御土蔵手代は御土蔵奉行の指図次第とし、役銀所で手代が必要なときには、御土蔵奉行に申し入れて手代を派遣してもらう、ということになった。

そうするうちに、役銀所から町奉行に、何度か御土蔵奉行へ銀懸派遣の依頼をしたが、御土蔵奉行が手代を派遣しない、そのため御用が果たせない、と言ってきた。町奉行は銀座の定書も持参し、年寄衆の寄合に出て、銀座はどこでも御用があれば手支《てづか》えないように勤める、と考えてきたが、役銀奉行が困っている、指図してほしい、と申し上げた。年寄衆は定書を検討した結果、町奉行に対し、町奉行が考えているように手代を一人ずつ役銀所に出すようにと命じた。町奉行からその旨が銀座に伝えられ、銀座は、十二月二十二日から手代を一人ずつ役銀所に出すよう命じられた。

福久屋は町奉行の命を請け、御土蔵奉行衆へ町奉行の意向を伝えた、すると、御土蔵奉行は、こちらからも年寄衆に伺いを立てようと思うが、年の暮れも迫っているので、まず当分はこのままで、新年になったら藩主の御同意を請けたい、との返事だった。それでともかく帰って、御土蔵手代に二十二日から役銀所に一人ずつ出るように申し渡し、その旨を銀座両人の名前で御土蔵奉行二人に紙面で伝えた。御土蔵奉行毛利から口頭で承知したとの返事が来た。

銀座は町奉行とともに、御土蔵奉行と役銀所の対立に巻き込まれていったのである。

## 2——銀座の不運　紛糾

明けて正徳四年（一七一四）に入って、諸方御土蔵の入立作業は立て込んでいて、三月二十日の入立では去年十二月分の、四月六日には今年正月分の、四月二十二日には今年二月分の入立作業、という状況になっていた。

五月に入って、諸方御土蔵奉行より町奉行に書状が来た。内容は、御土蔵手代が不足していて入立が次第に遅れて御用に差し支えている事情を、御月番（年寄衆のうち、交替で月番を勤めている）の奥村伊予守有輝《ありてる》に申し上げたところ、御土蔵で支障が出ているときには役銀所に出ている銀懸手代を御土蔵に引き上げるように、役銀所が忙しいときには御土蔵より手代を遣わすように、との仰せなので、役銀所の銀懸に御土蔵へ出るように申し付けよ、というものであった。

諸方御土蔵奉行の巻き返しが始まったのである。

――町奉行の前田兵右衛門はこれについて、初めからそういうふうに言ってあったのだ、どちらも御用の筋なので、お互い和順をもって話し合い、忙しいところに手代を派遣するのがよい、町奉行が介在する必要のないことだ、と述べた。これを受けて浅野屋は、御土蔵手代どもにこの旨を話し、役銀奉行から指図があれば御土蔵に出勤するように、と言った。

町奉行が言うように、本来なら町奉行が介在する必要のない事態であった。が、銀座が町奉行の管轄下にあり、御土蔵手代が銀座の管轄下にあることがこういう事態を招いたのである。

――五月二十五日に馬廻頭小塚主水から役銀所へ、諸方御土蔵が忙しいので、役銀所の銀懸を諸方御土蔵に廻すように言ってきた。それを聞いて役銀所奉行の矢部唯之丞は、去年の冬、月番の奥村伊予守のご詮議のうえ、銀懸手代の一人が役銀所への定役に決まったのに、これはどういうことか、と尋ね、そうではあったが、今このように決まったのだ、と小塚主水は答えた。

二十六日は手代の小坂屋七郎右衛門が役銀所の当番だったので出勤していたが、その小坂屋に矢部唯之丞は、ちゃんと定役で決まっていたのに心得難いことだ、皆はどう思うか、と尋ねてきたという。小坂屋は、私たちはこの場にいれば役銀所奉行の言いつけを聞き、諸方御土蔵ではそちらの奉行の言いつけを聞き、移動しろと言われればそのとおりに、ともかく御奉行衆の指図に従うだけです、としごく真っ当な返事をした。矢部唯之丞は、では銀座役の浅野屋に自分の言い分を聞かせてどう考えるか聞いてみよ、と言った。

小坂屋は、帰るとすぐに浅野屋にそのとおり伝えたが、聞いた浅野屋は聞きおくだけではどうかと思い、町奉行前田兵右衛門のもとに行き、兵右衛門は留守だったので、取次の吉村安平に事情を伝えておいた。この後、諸方御土蔵奉行、役銀所、銀座間で些《いささ》かのやりとりがあった。

六月十四日、役銀所は銀座へ宛てた書状で、今日から銀懸手代を役銀所へ出すよう、明後日より隔日に出すように、と言ってきた。銀座は、自分たちの考えで返事はできないとし、同日、町奉行の津田織部へ相談した。翌日、津田織部から、明日より役銀所へ手代を出すように、と取次の加大夫（津田織部の家臣）を通して言われた。福久屋は、諸役所へ手代を派遣するときには諸方御土蔵奉行へ報告することになっている、この件も報告しましょうか、と相談したが、織部の必要ないとの返事を加大夫が取り次いできた。福久屋が、諸役所に手代を派遣するときには、そのときだけのものであっても必ず諸方御土蔵奉行へ報告する決めごとがある、と言うと、加大夫はそのことは後で織部様には申し上げておこう、と言った。十五日付けで銀座から諸方御土蔵奉行岩田・毛利宛てに出した書状は次のようである。

「昨日役銀奉行所からわれわれ銀座宛てに書状が来て、今月十六日から隔日に銀懸役人を出すように申し渡してきた、われわれの心得では出してはいけないと考えていたので、すぐに町奉行所へ行き伺ったところ、町奉行お二人が本日ご相談なさったうえで仰せ渡すとのことで、先ほど呼び出しがあり、明日より役銀所へ銀懸手代を出すように仰せ渡された。そこで手代どもに隔日に役銀所へ出るように申し渡したので、ご案内申し上げる。」

これに対し、十六日には諸方御土蔵奉行から銀座宛てに書状が来て、そこには諸方御土蔵奉行から町奉行宛ての書状の写しも添えられていた。われわれは諸方御土蔵付きの手代どもに新しい決まりをもって命じられることは認められず、十八日からは必ず手代どもを諸方御土蔵に遣わすように、とのことであった。

同日付けの諸方御土蔵奉行から町奉行両人宛ての書状写しには、諸方御土蔵は現在多忙で、先日月番に申し上げたところ、十六日からの役銀所への隔日一人ずつ派遣は取り止めるように、との裁断であり、この旨を役銀奉行へ伝えた、五月分の入立をともかくすませねばならず、それでも役銀所で急な御用があれば一日・半日は手代を派遣しよう、とあった。

この書状をめぐって、福久屋は町奉行からひどく咎めだてられた。必要ないと言ったのに、諸方御土蔵へ知らせたこと、両町奉行が話し合ったことは内密なのに書状に載せたこと、が咎められた。そして、町奉行から諸方御土蔵へ書状で、とにかく、今後は双方の奉行たちで話し合って手代のやりとりをしてほしい、こちらへ委細を申し越す必要はない、と書き送った。町奉行から銀座へも、どちらに出ろという指図は町奉行からはもうしない、役銀奉行と諸方御土蔵奉行が相談してどちらか忙しいほうへ手代を廻すのがよい、とにかくこちらから指図はもうしないからそう心得てほしい、と両奉行へ申し上げよ、とのことであった。

諸方御土蔵奉行の岩田弥介方へ参上、会うことができ、町奉行の意向を伝え、さらに、自分たちも手代たちにもう指図はしないので、双方の奉行同士が相談して急ぐほうに手代を廻してほしい旨を伝え、「明日は手代の赤井屋五郎兵衛が役銀所へ出る番に当たっているが、それも双方の相談のうえのことにしてほしい」と申し上げた。後で五郎兵衛に聞くと、岩田から諸方御土蔵に出るように言ってきたということだった。

十八日、両銀座役は役銀奉行の前田新次郎方へ行き、こちらから指図はしない旨町奉行から言われたこと、双方の奉行たちで相談して決めてほしいことを丁寧に申し上げた。前田は、それは町奉行から言われたことなのかと再三聞くので、そのように申し聞かされたと返事をすると、前田は、そうか了解した、それならこちらより申し遣わさない、が、赤井屋は本日は役銀所へ出るよう申し渡せ、と言うので、本日よりもう指図はできない、と申し上げる。前田は、もう諸方御土蔵奉行へはこちらから書状は遣わさない、先日も隔日に手代を出すように申し談じたので、再度は書状は遣わさない、と言う。

すぐに諸方御土蔵に向かい、昨夕岩田に申し入れた趣旨を毛利に語り、本日は赤井屋は自宅におります、申し上げたように役銀所へ銀懸に行くようにとは指図しません、指図しないようにと町奉行から言われているのです、そのように承知してください、本日もこちらで御用があるようなら役銀奉行衆へ伝えてくださいと申し上げると、毛利は承知した、こちらから役銀所へ申し遣わそうと言い、それを聞いて帰ってきた。諸方御土蔵から役銀所へ申し遣わした書状は、諸方御土蔵では五月分を近日入立するので忙しい、手代どもには御土蔵に出るように申し付けた、またそちらで御用の時分は再度こちらへ仰せなさるように、というものであった。

この日、諸方御土蔵よりすぐに両人同道で町奉行の津田織部に参上し、加大夫の取次でこの間の事情を申し上げ、毛利から役銀奉行への書状の写しも御覧に入れると、織部は聞き届けたとの返事であったので戻り、前田兵右衛門へも参上し、同様に聞き届けたとの返事をもらった。その次に町年寄の紙屋庄三郎に参上、両町奉行へ申し入れたと同様の報告をしておいた。

六月二十六日は諸方御土蔵で五月分の入立、相役の浅野屋が担当。

七月八日、六月分の諸方御土蔵の入立、相役の浅野屋が担当。

七月五日に役銀所奉行より呼び出されて行くと、奉行から、銀懸手代は役銀所の定役ではないのか、どう考えているか、と尋ねられた。銀座からは定役かどうかの判断は申し上げがたい、と返事をして帰る。

八月初旬、御土蔵奉行が吉田宇右衛門に代わった。九月六日、役銀所銀懸の件につき、小塚主水より月番前田美作守孝行へ出した書状の写しを見せられた。銀懸手代を五・十三・十七・二十一・二十七日に半日ずつ勤めるよう仰せ渡されるように、という書状であった。

## 3――町奉行の交替

享保元年（この年七月一日に正徳から改元。一七一六）十月二十六日、町奉行の津田織部と前田兵右衛門の両者ともに、奥村内記（八家の一、奥村支家五代、温良《はるよし》）の家で、前田近江守（八家の一、前田直之系三代、直堅《なおかた》）と横目衆から、役儀の罷免を命じられている。織部も兵右衛門もその後役職に就くこともなく、織部は享保十七年に、兵右衛門は享保十年に死去しているから、かなり重い処分であったと考えられる。処分の原因については未詳であるが、役銀所と諸方御土蔵の奉行たちの対立をうまく調整できなかったことが一因であることは確かだろう。

この日に新たな町奉行の任命が年寄衆の執務場所の越後屋敷で仰せ渡された。横山主馬（千石）と山崎主税（千石）の二人である。主馬はその日の晩方に、町同心の松宮吉丞と堀豊左衛門を罷免した。

町役人たちも慌ただしかった。町年寄たちはもちろんであったろうが、銀座役の二人も任命当日の七ッ時（二時頃）にご祝儀に伺候した。二十八日には町年寄香林坊と浅野屋が町中に祝儀の触を出している。浅野屋は不安そうに次のように言ったと「銀座覚書」にある。

――「いつもは町奉行二人のうち一人のみの交替であった。今度のように二人が一緒に交替するとは、今後どのようになっていくのか分からない。」

十一月朔日には町奉行に対し、銀座も含めた町役人による恒例の月初めのご挨拶が行われた。町奉行が代わったことで、諸方御土蔵奉行と銀座の関係に変化が生じた。始まりは手代赤井屋の忌引きをめぐる一件であった。

――十二月八日に赤井屋五郎兵衛の妹が病死したとの書状が来たので、その日に諸方御土蔵奉行の吉田宇右衛門に書状で連絡した。四日後の十二日に吉田のことづてを御土蔵手代の尾張屋が持ってきた。内容は、今は諸方御土蔵が忙しいので赤井屋の忌引きを半減（定式では十日間勤務に出ないが、半分の五日の勤務引きにする）としたらどうか、十四日に出る手代に返事をことづけるように、というものであった。

このことについて、帰って相役の紙屋又兵衛と話し合った。紙屋が言うには、正徳四年（一七一四）暮れの御土蔵手代吉川屋伝兵衛の場合も、半減して勤務に出るようにと言われたが、改めて詮議になり越後屋敷で年寄衆の話し合いになった。結局、このときには諸方御土蔵が忙しいからと吉川屋を勤務に出すことになったが、これは先例（格）にならず、同様なことが起こったらそのときの事情により詮議にかけることになっている、とのことだった。

十四日の朝に呼び出しがあり、町奉行横山主馬方に参上した。取次の佐左衛門から申し渡されたのは、昨夜の書状も見たうえだが、御土蔵手代は軽き役人であり、諸方御土蔵は御城の中でも殿様の居所からは離れたところである、したがって半減でよいとのことであった。

これまで町奉行はどちらかと言えば銀座の立場に立って、銀座が困らないように、時には諸方御土蔵と対立もしてくれた。今度新しく町奉行になった横山は、諸方御土蔵の側に立っているようだ。手代も含め、銀座の立場を守ってはくれないように疑われた。さらに次のことが疑念を深めさせた。

――享保二年八月二十日昼時分に御土蔵手代泉屋武右衛門病死の案内が来て、銀座からは後継に倅泉屋次平の願いを出し、その報告に銀座二人は町会所に出てきた。その日に町同心衆と町奉行の詮議があって、結果、泉屋の後継について銀座の申し出は認められないとのことが町会所で問題になっていた。町年寄の紙屋は「これまで手代の名跡願いを出して町奉行に認められなかったことはない。名跡願いをしないときには輪番の者に勤めさせる格である」と興奮して申し上げる。町年寄の浅野屋や香林坊も紙屋に同意し、皆の憤りは最高潮に達しているように見えた。同心たちも聞き届けるような様子であった。

しかし、皆の憤りは無駄であった。

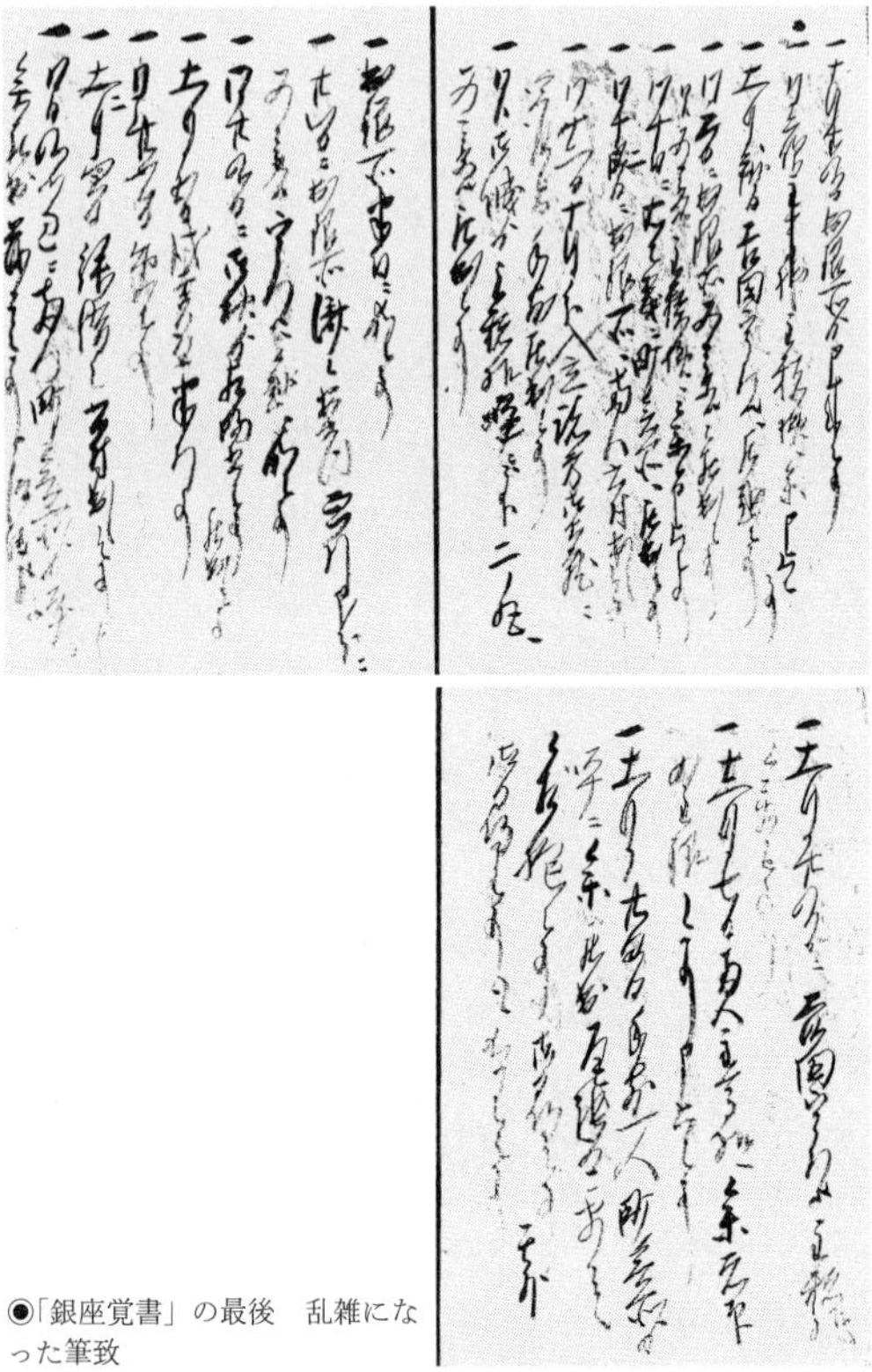

◉「銀座覚書」の最後　乱雑になった筆致

——九月十日昼時分に町会所から呼び出しがあり、銀座二人が出かけた。町同心の在所又六が話したことは、銀座の両人が泉屋武右衛門死去の後、倅への名跡願いを出しているが、先般町奉行が詮議をなさって仰せになるには、「町人の軽い立場の者たちが名跡願いをするなどあるまじきこと」であり、これまで欠人があったときには前の奉行たちの心得で名跡で申し付けたこともあろうし、輪番で申し付けたこともあろう、が、今般は改めて今後は輪番の方式で申し付けるのでそう心得るように、とのことである、この件はしかと留帳に書いておくように、ということだった。輪番格にすれば手代どもは精を出して働き、輪番でなければ怠惰になろうから、輪番格にするのだ、との仰せであった。

結果として泉屋武右衛門の代わり人として、福久屋の手代茂兵衛を願い出している。結局、新右衛門の手代茂兵衛は銀見兼役として召し抱えられることになった。これまで銀座の願い出はおおかた町奉行によって認められてきた。認められなくとも町奉行と銀座役はお互いの信頼関係を保っていた。しかし、町奉行が替わってから、先の町奉行との間で成立していた銀座の立場は大きく揺らいでいた。そのなかで新右衛門が苛立っていたことは「銀座覚書」の筆致の乱雑さからもうかがわれる。何が起きてもおかしくない状況となっていた。

## 4――銀見・手代八人禁牢、座本両人指預け

「町奉行歴代帳」という史料には歴代の町奉行が書かれているだけではなく、町年寄や銀座役などの町役人についても記述されている。そのなかに「銀座相見人《あいみ》」について出てくる。そこには次のようにある。

――享保四年（一七一九）二月、銀座福久屋新右衛門・紙屋又兵衛に不都合があり、同月十八日

に差し当たり三銀座を仰せ付けられ、同二十二日に相見人六人が当分仰せ付けられた。その勤め向きは、座中の横目（監視）役で、銀見などの誓紙を見届け、一座に二人ずつ出勤する。

先に述べたように六ヶ所の天秤座も含めて銀座の封賃などを総決算するときに、算用の正確さを図るため相見人が必要だという算用場奉行からの意見が前年暮れから出ていた。つまり、福久屋たちの事件が起こる以前から、相見人任命に関する提案が出ていたことになる。が、今回の銀座相見人の制度は事件と無関係ではないだろう。というのは、銀座相見人の制度は福久屋らの事件後にわざわざ設置されたにもかかわらず、七年後の享保十一年四月には倹約のためと称して廃止されているからである。

事件の核心に触れる部分が出てくる。

享保四年二月十七日の町奉行金森内匠から年寄奥村伊予守に宛てた書状である。

——今度諸方御土蔵銀見と当町両銀座どもに疑わしいところがある点について、諸方御土蔵奉行より算用奉行へ達し、今月八日に算用場で御土蔵銀見どもに一応尋ねたところ、銀座銀見と申し合わせたように見えた。私方で両所の銀座銀見どもを吟味したところ、銀座銀見どもの口書《くちがき》についてさしたる疑わしいこともないようである。御土蔵銀見については隠密御用を勤める者なので、尋ねたところの口書は算用場奉行へ届けておいた。右の者どもを再度吟味する旨を算用場奉行が話しており、追ってこちらより申し上げる旨を十一日に申し上げておいた。しかるところ、銀座役人どもがいよいよ疑わしいという風聞があり、御土蔵銀見は算用場奉行で吟味を、銀座銀見は私ども方にて再度吟味すべき旨十五日に命じられた。そこで翌十六日に銀座両人と銀座銀見を町会所へ召し出し、吟味したところ、銀座銀見両人の者は最初の口書とは少々異なることがあり、御土蔵銀見どもと申し合わせたように見えた。右御土蔵銀見は私どもの支配の者であるけれども、役儀が藩財政に関わる隠密方御用を勤めているので、私どもで再三吟味することはできかねると考える。公事場において早速吟味するようにしたいと考えている。即ち銀座両人と銀座銀見の口書合計七通を差し出しておく。

以下は添えられた朱書きの文面である。

――右の紙面と口書は共に同日越後屋敷において奥村伊予守へ届けられた。算用場奉行よりも同時に連絡があったので、公事場へ仰せ渡し吟味あるように伝えられた。これについて金森内匠（町奉行）が申し上げるには、銀見両人はまず指し預け（留置）たいと言う。右の者どもの吟味をする間は銀座が閉まることになり、城下では不都合が多くなるので、まず当分の銀座を早速申し渡すよう町奉行から申し上げがあり、詮議して銀座を申し付ける旨の藩年寄の仰せがあった。

次も朱書きである。

一、同月（二月）十九日ゟ右之者共公事場江引渡、吟味之上、銀見両人・両座之手代八人致禁牢、座本両人（銀座両人）者指預け置候事。

次の文書は二月十九日に町奉行の金森内匠から前田近江守ら八名の年寄と成瀬内蔵助ら二名の家老に宛てた文書である。

覚

当町銀座福久屋新右衛門
紙屋又兵衛為代当分銀座
平野屋半助
森下屋八左衛門
八尾屋三郎兵衛

右新右衛門・又兵衛・両座役人とも今般於公事場御吟味落着之内、銀座相止申ニ付、当分為代半助・八左衛門・三郎兵衛銀座相勤候様ニ申渡候。近年両人ニ而相勤候得共、去冬以来封付（封包）多指搛申ニ付、当分三人申渡候、以上。

そして次のように展開している。

この金森内匠からの書状は翌二十日に越後屋敷の月番伊予守に達し、早速代わりの銀座役が封包するように申し渡された。また封包の印鑑を早速に作らせるように言い、さらに先に申していた相見人についいて幸い今度銀座役が改まったので、これも早速申し付けるようにと命じられた。銀座役と同等に筋目良い者に申し付けるので、給銀なども新銀一貫目ほどとなった。銀座一ヶ所に相見人二人とし六人を選出した。

相見人は御用のため諸方御土蔵・東丸御土蔵に行く際、河北・石川両御門、かつ東丸御土蔵入り口の御門を滞りなく往来でき、木履《ぼくり》御免（城中での下駄履き許可）の者たちとなる。銀座相見人の役務として、封賃銭のことは毎月集まり次第に銀と交換、この買い主相場《そうば》書《がき》紙面（銭を銀に交換した者の銀銭交換相場を記した紙面）の奥書に印章すること、これは算用の際に証拠となるようにである。

事後の状況は分かっても、事件の真相は不明瞭なままである。当初は御土蔵銀見と銀座銀見双方の意見の食い違いが問題になっていたが、結局、銀座銀見二人と両座の銀座手代すべての八人が禁牢となり、銀座両人が指預《さしあず》け（留置）になったところを見ると、銀座銀見と銀座手代の過ちが焦点になったのであろう。推測に過ぎないが、銀座役は両者の監督責任を問われ拘束されたのではないだろうか。拘束されたその段階で、江戸時代では犯罪人と同様の扱いになる。そして福久屋・紙屋の双方の銀座は罷免され、別の銀座役が任命されたのである。

述べたように、福久屋はこの後、十一月に病死している。由緒書では婿養子の十右衛門が新右衛門と同時に咎を仰せ付けられたとするが、その経緯は明らかではない。そして十右衛門も翌年五月に没している。由緒書では相続について町奉行に相談、新右衛門の娘で十右衛門の妻であった和佐が、手代の伝六と再婚したのである。間に生まれた男子がその跡を継いでいった。新右衛門と十右衛門の咎が重いものであったら、福久屋は取り潰しなどを受けたであろうし、上記のような町奉行の後継への計らいも、新右衛門らの咎がそれほど重くなかったことを推測させる。

ともかく、銀を量れない武士の存在に端を発し、役銀所と諸方御土蔵間のトラブルが次第に拡大していき、本来密接な関係の町奉行と銀座役の関係まで悪化させていった、そのことが享保四年二月の問題にまで続いていると考えられるのである。藩内部の非合理的な組織の側面、権力の競い合い、そういうものに巻き込まれた、町奉行の支配下に位置づけられた町人銀座役の無力さが露呈した事件と言わざるを得ない。藩組織そのものが非合理的であると主張するものではない、が、そういう側面が残存していたのは事実であろう。

## 5——近世商人と藩権力

銀座役は、再三述べてきたように、町人でありながら御土蔵手代や銀見の監督者として諸方御土蔵を代表とする藩役所に出入りし、また為替を仲介する役務のうえで藩経済と関わり、両替師の監督者として城下の商人経済に深く関わっていた。自らが商人であるからこそ、銀座は城下の貨幣の動きも知ることができ、幕府の貨幣改鋳に当たっても、藩よりも適切に判断、行動することができたのである。

加賀藩財政は銀座のような町人を利用しながらうまく機能していけたのである。もちろん藩財政には、大坂の蔵宿をはじめ、上方や江戸の大商人が大きく関わっていたのであるが、藩内の城下経済と藩財政との接点では銀座の占める役割は大きかった。その一方で、銀座は町人である限り、町奉行の支配を受け、藩にとってはいくらでも代用の利く人間でもあったのである。

福久屋は銀座役に就く前、幾種類かの商売を通じて蓄財もし、藩の要人とも関わっていた。庶民層の需要に応えた新興商人として、藩権力とは一定の距離を置きつつ、商売の道に励むことができていたはずである。しかしそれを利用されて、藩から銀座役に任命され、忠実にその任務を果たすこととなり、現に果たしていたのである。銀座役は町人として町年寄に次ぐ地位にあり、福久屋もそのことに誇りを持ったであろう。藩権力の巧みな町人操縦であった。

福久屋は当主が銀座役罷免後は、ほぼ城下の公職に就くこともなく、薬種業を発展させ蝦夷地にまで商圏を広げていった。その勢いは途中に銀座役がもとで死去した当主の詳細をも忘れていくほどであったようだ。

福久屋をめぐるここまでの記述は、経済の根幹を握っていた商人と藩権力の関係にまで結びつくものである。藩が権力を維持したのは結局は経済の根幹を握っていた商人たちがいたからであった。また、例えば改鋳貨幣の交換や脇両替の盛んな様ひとつをとっても、城下経済の底知れぬ豊かさを垣間見ることができる。福久屋はいわばそれら商人の代表であった。しかし、商人たちは藩権力に近寄りすぎるとまま危機を招くことになる。その一つの例を福久屋の事例が物語っているのである。

# おわりに

ここまで参考文献を挙げずに（いわゆる註を付けずに）述べてきたが、参考文献がなかったわけでは決してない。

まず挙げるべきはギヨーム＝カレ氏の研究である。カレ氏は私が本書で利用してきた「留帳」や「銀座覚書」などを中心とした石黒家文書を用いてフランスのソルボンヌ大学で博士論文を提出した。フランス語で書かれた博士論文については分からないが、カレ氏はその一部を日本語で発表している。それらは以下のとおりである。

①「近世初期の流通転換と問屋――金沢を事例として」（『年報都市史研究』一一、二〇〇三年）

②「役の周縁――金沢銀座と諸方土蔵の従業員について」（塚田孝ほか編『東アジア近世都市における社会的結合』、清文堂、二〇〇五年）

③「宝永期の新銀流通と金沢の銀座の役割」（加賀藩研究ネットワーク例会発表、二〇〇九年）

本書に関連して紹介すれば、①は福久屋が魚問屋から他国商い、そして薬種商売に転換していく様子を伊勢村屋の書状を含めて分析している。②は御土蔵手代と銀見の交替について分析しているが、それに関しては本書ではほとんど取り上げなかった。③は宝永期の貨幣改鋳における江戸の加賀藩出入りの両替屋を含めて金沢銀座の役割を位置づけ、また宝永・正徳期の金高騰について分析している。私はこれらに種々教示を受けて、本書にも大いに反映させているので、興味のある方は是非参考にしていただきたい。③の例会発表に関しては加賀藩研究ネットワークにおいてネットで公開しているのでアクセスは可能である。

その他、石黒家文書を直接扱ったものとして吉田伸之氏「寛永期、金沢の魚問屋について」(『金沢市史 会報』九号、二〇〇〇年。後、『伝統都市・江戸』、東京大学出版会、二〇一二年、所収)があり、魚問屋経営について分析している。また仕入れ問屋と荷受け問屋、およびのこぎり商いに関しては林玲子氏の研究を大いに参考にした。

本来は以下に挙げる参考文献を註として本文中に記載すべきだったかもしれない、と書き終わってから反省している。ただ、本書はできるだけ史料に即した文章として、読みやすさを狙い、参考文献を敢えて挙げずに記述してきた。そういう思いを汲み取っていただけたらと思う。

石黒家文書は、既に述べたように『金沢市史』編集において発見されたもので、その発見と整理に関しては故長山直治氏の力によるところがきわめて大きい。長山氏はこの文書の貴重さを当初から認識していて、私が初期金沢銀座の研究を以前に行ったことを踏まえて、私に是非取り組むように勧めてくれた。そういうなかでカレ氏が金沢大学の留学生として学び、私の助言で石黒家文書の貴重さを認識し、博士論文を書き、日本語でも発表したのである。

私が石黒家文書に向き合ったのは、金沢大学を二〇一三年に退職して金沢市立玉川図書館近世史料館に非常勤として勤務してからである。手はじめに「留帳」や「銀座覚書」を読みだした。文書は慣れるまでは少々難解であった。慣れるとあまり苦労はなかったが、フランス人のカレ氏がこれを読解したことには改めて驚いた。そして同時に、読み進むにつれ史料の貴重さと面白さをいよいよ味わったのであった。

本書に至るまでに私自身が石黒家文書を用いて二つの論文を書いている。それらは「近世前期城下町金沢における大店福久屋の基礎的研究」（加賀藩研究ネットワーク編『加賀藩武家社会と学問・情報』、岩田書店、二〇一五年）、「宝永末年における金沢の両替事情」（『加賀藩研究を切り拓く――長山直治氏追悼論集』、桂書房、二〇一六年）である。これらは本書よりも分析を重視したものである。なお、本書の背景をえがくものとして拙著『加賀藩の流通経済と城下町金沢』（能登出版印刷部、二〇一二年）がある。

本書は、述べたように、研究・分析というより事実の紹介を重視したものである。石黒家文書は近世初期・前期においてもかなりの分量の史料群であり、取り上げるテーマも尽きないものがある。本書で初期・前期の福久屋の動向を知っていただき、今後の皆さんの研究の材料にしていただければ幸いである。

最後に、本書を書くに当たっての参考文献、また本文中に使用した文書の詳細について以下に記載しておく。

大桑斉「加賀藩の宗旨人別帳について」（『北陸史学』一三・一四合併号、一九六六年）
桜井英治・中西聡編『流通経済史』（新体系日本史12、山川出版社、二〇〇二年）
佐藤信・吉田伸之編『都市社会史』（新体系日本史6、山川出版社、二〇〇一年）
田谷博吉『近世銀座の研究』（吉川弘文館、一九六三年）
長山直治「加賀藩登米における陸廻与力の派遣と難船処理」（『加能史料研究』一二号、二〇〇〇年）
林玲子『江戸問屋仲間の研究』（御茶の水書房、一九六七年）
林玲子編『日本の近世五　商人の活動』（中央公論社、一九九二年）
三浦孝次『加賀藩の秘薬』（加賀藩の秘薬刊行会、一九六九年）
見瀬和雄『幕藩制市場と藩財政』（巌南堂書店、一九九八年）
『金沢市史　資料編六』（金沢市、二〇〇〇年）
『金沢市史　資料編七』（金沢市、二〇〇二年）
『金沢市史　通史編二・近世』（金沢市、二〇〇五年）
『国史大事典』（吉川弘文館、一九七九年）
『加藩貨幣録』（日置謙校訂、石川県図書館協会、初版一九三三年、復刻版一九七〇年）
『改訂増補　加能郷土辞彙』（日置謙編、北国新聞社、初版一九五六年、復刻版一九七三年）
『御触書寛保集成』（高柳眞三ほか編、岩波書店、一九三四年）

『三壺聞書』（石川県金沢城調査研究所、金沢城史料叢書二八、二〇一七年）
「小松旧記」（『小松史』史料篇上・下、文献出版社、初版一九四〇年、復刻版一九七九年）
「改作枢要記録」（『改作所旧記』下、石川県図書館協会、初版一九三九年、復刻版一九七〇年）
『六用集』（正徳五年、三箇屋五郎兵衛版、村松文庫、金沢市立玉川図書館近世史料館蔵）
「加藩国初遺文」四（加越能文庫、金沢市立玉川図書館近世史料館蔵）
「銀座一件」（加越能文庫、同右）
「町奉行歴代帳」（郷土資料、同右）

なお、本書の完成までには幾人もの方たちからご教示を得た。失礼ながら、お名前を挙げないまま謝意を表したい。そして編集に当たってくださった平凡社の保科孝夫さんにはたいへんお世話になり、お礼を申し上げる術を知らない。

二〇一八年三月三十日

中野節子

追――本書擱筆後、本年五月に、石黒家文書は、石黒家の方たちの御好意で金沢市立玉川図書館近世史料館に寄贈された。今後、いっそう利用が容易になることになった。

【著者】

中野節子（なかの・せつこ）

1948年、金沢生まれ。金沢大学法文学部卒業。元金沢大学教授。専攻、日本近世史。博士（人文科学）。

［著書］

『考える女たち――仮名草子から「女大学」』（大空社）、『加賀藩の流通経済と城下町金沢』（能登印刷出版部）、『女はいつからやさしくなくなったか――江戸の女性史』（平凡社新書）、『金沢――伝統・再生・アメニティ』（共著、御茶の水書房）など。

平凡社選書 234

近世金沢《きんせいかなざわ》の銀座《ぎんざ》商人《しようにん》

魚問屋、のこぎり商い、薬種業、そして銀座役

2018年6月13日　初版第1刷発行

著　者……中野節子

発行者……下中美都

発行所……株式会社 平凡社

東京都千代田区神田神保町3-29

〒101-0051 振替00180-0-29639

電話……(03)3230-6580［編集］ (03)3230-6573［営業］

基本デザイン……中垣信夫

印刷……………藤原印刷株式会社

製本……………大口製本印刷株式会社



ISBN978-4-582-84234-0



NDC分類番号214.3　四六判(19.4cm)　総ページ240

平凡社ホームページ http://www.heibonsha.co.jp/